Schriften des
Sorbischen Instituts

Spisy
Serbskeho instituta
1

Die Reihe steht in der Tradition der
»Schriftenreihe des Instituts
für sorbische Volksforschung in Bautzen«,
in der 58 Bände erschienen sind.

Rjad steji w tradiciji
»Spisow Instituta za serbski ludospyt
w Budyšinje«,
w kotrychž je 58 zwjazkow wušło.

LUDWIG ELLE

Sorbische Kultur und ihre Rezipienten

Ergebnisse einer ethnosoziologischen Befragung

Domowina-Verlag
Bautzen

ISBN 3-7420-0822-6

1. Auflage 1992
© by Domowina-Verlag GmbH, Bautzen 1992
Gestaltung: Joachim Bethmann
Lektorin: Lucia Böhme
Herstellerin: Heidrun Dittrich
Printed in Germany
Gesamtherstellung: Druckhaus Pastyrik GmbH Dresden

Inhaltsverzeichnis

Vorbemerkung	7
Zur Struktur der sorbischen Kultur	9
Zur sozialen, ethnischen und demografischen Struktur der sorbischen nationalen Gemeinschaft als Träger der sorbischen Kultur	14
Der Platz der sorbischen künstlerischen Kultur im Leben der Sorben. Generelle Tendenzen	33
Rezeption sorbischer sprachgebundener Literatur und Kunst	42
Sorbische Kulturveranstaltungen, Dorf- und Heimatfeste, Brauchtumspflege und Ausstellungen sorbischer Künstler	56
Massenmedien als Komponente sorbischer Kultur	69
Intensität der Teilnahme am sorbischen Kulturleben und nationales Selbstbewußtsein der Sorben	83
Zur Rezeption sorbischer Kultur durch deutsche Einwohner des gemischtnationalen Gebietes	87
Kulturpolitische Aspekte der Nationalitätenpolitik gegenüber den Sorben in der ehemaligen DDR – ein Beitrag zur Diskussion	94
Literaturverzeichnis	107
Anhang – Fragebogen der Komplexuntersuchung 1987	

Vorbemerkung

Im Jahre 1987 führte das ehemalige Institut für sorbische Volksforschung (Vorgänger des Sorbischen Instituts e.V./Serbski institut z.t.) in fünf Gemeinden des deutsch-sorbischen Gebietes eine Befragung zur Lebensweise und Kultur der Einwohner durch. Es handelte sich hierbei um die erste komplexe und mehrere Regionen umfassende empirische Erhebung zur Sprache und Kultur seit den von Ernst Tschernik 1955/56 durchgeführten Untersuchungen zur Verbreitung der sorbischen Sprache.

Der Untersuchung ging eine Konzipierungs- und Vorbereitungsphase voraus, deren Dauer von mehreren Jahren der Tatsache geschuldet war, daß empirische Befragungen in der DDR einem komplizierten Genehmigungsverfahren durch den Ministerrat unterworfen und von politischen Entscheidungsträgern eher unerwünscht waren.

Die in der vorliegenden Schrift vorgestellten Ergebnisse dieser Untersuchung beleuchten einige Aspekte des kulturellen Bereiches vornehmlich unter demographischen und sozialen Gesichtspunkten der Rezipienten des sorbischen Kulturangebotes in den untersuchten Dörfern. Es ist dem Verfasser durchaus bewußt, daß die seit der »Wende« in den politischen Verhältnissen im Herbst 1989, vor allem aber mit der Herstellung der deutschen Einheit am 3. Oktober 1990 eingeleiteten politischen und sozialen Veränderungen wesentlichen Einfluß auf zahlreiche hier dargestellte Prozesse ausüben. Aus dieser Sicht sind viele Daten vor allem von zeitgeschichtlichem Interesse, beleuchten sie doch einen spezifischen Ausschnitt der Kultur- und Nationalitätenpolitik der DDR am Ende ihrer Existenz. Andererseits wirken jedoch auch viele der beschriebenen Prozesse und Tendenzen - teils modifiziert - weiter und können somit kultur- und nationalitätenpolitisch Tätigen Anregung sein.

Die 1987 unter der Bezeichnung »Komplexe Gegenwartsforschung« durchgeführte Erhebung (nachfolgend in dieser Schrift als »Komplexforschung 1987« bezeichnet) war ein multidisziplinäres Forschungsvorhaben des Institutes für sorbische Volksforschung. Zeitweise arbeiteten an ihm bis zu 11 Wissenschaftler mit. Mein Dank gilt daher den Mitgliedern der Forschungsgruppe - besonders Prof. M. Kasper, Prof. F. Förster, Dr. sc. F. Michalk † und Dr. M. Völkel - sowohl für die Zusammenarbeit während der Datenerhebung als auch für zahlreiche Anregungen und Hinweise. Besonderer

Dank gilt den Einwohnern der Gemeinden Malschwitz, Rosenthal, Trebendorf, Turnow und Zeißig für die bereitwillige Beantwortung der gestellten Fragen.

Ludwig Elle

Bautzen, im Juni 1992

Zur Struktur
der sorbischen Kultur

In der vorliegenden Untersuchung wird davon ausgegangen, daß das sorbische Volk seiner soziokulturellen Struktur nach eine mit der deutschen Nation assoziierte nationale Gemeinschaft (als Synonym in Anlehnung an Nedo auch »kleines Volk«) darstellt. Für diese Charakterisierung spricht, daß die Sorben als eine autochthone Gemeinschaft über einen historisch langen Zeitraum vielfältige und existentielle Wechselbeziehungen mit dem deutschen Volk eingegangen, daß sie mit den sozialen und politischen Strukturen der deutschen Nation unlösbar verbunden (assoziiert) sind. Im Gegensatz zu Volksgruppen die sowohl historische und aktuelle Verbindungen zu einem Nationalstaat wie auch zum Staat, in welchem sie leben, besitzen, haben kleine Völker vom Typ des sorbischen diese Bindungen zu einem Nationalstaat nicht. Damit besitzt die Assoziiertheit, die für kleine Völker inmitten größerer Nationen immer gegeben ist, ihre spezifische Qualität.

Bei autochthonen kleinen ethnischen Gemeinschaften können (zumindest in Ansätzen) eine Reihe von Merkmalen (z.B. kulturelle) einer Nation vorhanden sein, sie sind jedoch schwach ausgeprägt, so daß kein geschlossenes und selbständiges soziokulturelles System entstehen kann. Sie besitzen auch keine sozialökonomischen und staatlich-administrativen Grundlagen für eine weitergehende nationale Konsolidierung. Daher müssen wesentliche Teile staatlich-administrativer, sozialökonomischer und kultureller Funktionen von dem Staat ausgeübt werden, dem diese relativ selbständigen nationalen Gemeinschaften angehören.

Nedo charakterisierte solche Gemeinschaften als »kleine Völker«. Diesen »gelang es im Verlaufe der Geschichte nicht, sich zu einer Nation zu entwickeln, d. h. sich einen Staat und staatliche Administration, eine eigene Volkswirtschaft und politische, wirtschaftliche und kulturelle Institutionen des gesellschaftlichen Überbaus zu schaffen« (Nedo 1982 S. 86).

Kleine Völker modifizieren die soziokulturelle Struktur und Entwicklung ihres Lebensraumes durch ihre ethnokulturelle Spezifik.

Zugleich vollziehen sich Prozesse der Assimilation vor allem bei solchen Gemeinschaften, die auf Grund ihrer objektiven Beschaffenheit (geringe Zahl an Angehörigen und unzureichende Kompaktheit in einem bi- bzw. multinationalen Territorium) nicht mehr in der Lage sind, Eigenes in der Kultur und Lebensweise zu bewahren und in den kulturellen Austausch einzubringen (vgl. Haarmann 1979a S. 273 in Bezug auf die sprachliche Vollassimilation).

Kulturen assoziierter nationaler Gemeinschaften verfügen meist nur über eine unvollständige Struktur, so daß das geistig-kulturelle Leben der Angehörigen dieser Gemeinschaften immer bikultural und meist bilingual, das heißt auf der Grundlage zweier nationaler Kulturen und zweier Sprachen, funktioniert. »Assoziiertheit setzt in jedem Falle das Vorhandensein einer gewissen (obgleich nicht umfassenden) Zweisprachigkeit und Bikulturalität voraus« (Arutjunov 1986 S. 62).

Im Zusammenhang mit den Kulturen kleiner nationaler Gemeinschaften wird zuweilen die Frage aufgeworfen, ob es sich primär um nationale oder nicht vielmehr um regionale Kulturen handelt. Offensichtlich haben Kulturen kleiner Völker und regionale Kulturen - nach unserem Verständnis in einem bestimmten Territorium spezifisch ausgeprägte Elemente einer Nationalkultur - zumindest die Gemeinsamkeiten, daß sie in einem für ihre personellen Träger meist überschaubaren Territorium beheimatet, und daß die Quellen ihrer Existenz und Eigenartigkeit im Ethnischem zu suchen sind. Oftmals werden sie sowohl von der Bevölkerung der betreffenden Region als auch von Fremden so aufgefaßt und im Falle, daß die nationale Gemeinschaft alleiniger Bewohner der Region ist, stimmen regionale und nationale Kultur tatsächlich überein. Anders verhält es sich jedoch offensichtlich in gemischtnationalen Gebieten wie im Siedlungsgebiet der Sorben in Deutschland. Hier existieren in wechselseitigem Zusammenhang stehende Kulturen, die sich sowohl strukturell und inhaltlich als auch in ihren Trägern durchaus unterscheiden. Dabei dominiert - zumindest für die Angehörigen des kleinen Volkes - wiederum nicht der regionale Aspekt, sondern die nationale Komponente, obgleich sie weit stärker in die andersnationale regionale Kultur einbezogen sein können, als umgekehrt Angehörige des großen Volkes. Für Angehörige kleiner Völker ist Bikulturalität und damit Einbindung in doppelte/parallele kulturelle Strukturen Existenzbedingung. Demgegenüber eröffnet die Rezeption der Kultur des kleinen Volkes den Angehörigen des assoziierenden Volkes spezifische und oft unkomplizierte Zugänge zur Kultur des Partnervolkes, die genutzt werden können, aber nicht müssen.

Obgleich ethnische Komponenten wie Bräuche, Sitten, Traditionen die Kultur kleiner Völker mitprägen, bestimmen aber auch politische und soziale Bedingungen - besondere Erfordernisse der politischen Sozialisation, Reflexionen von Erfahrungen der Gemeinschaft im Ringen um politische, soziale und kulturelle Rechte - und sich daraus ergebende Sichten auf Geschichte und Gegenwart sowie nicht zuletzt auch die Art und Weise und die Intensität der Verflechtung mit der Kultur der assoziierenden Gemeinschaft die Ausprägung einer eigenen Literatur, Musik und Kunst.

Ein bedeutendes, mit der Kultur eng verbundenes Merkmal vieler assoziierter kleiner Völker besteht darin, daß sie eine eigene Sprache besitzen, mit welcher in bestimmten Grenzen gesellschaftlich relevante kommunikative

Funktionen ausgeübt werden. Kennzeichnend dabei ist eine mehr oder weniger weit verbreitete Zweisprachigkeit und in gemischtethnischen Lebensräumen oft die Dominanz der Sprache der assoziierenden Nation. Diese Dominanz ergibt sich aus der hohen Intensität zwischennationaler Kontakte und Informationsaustausche sowie aus der Stellung dieser Sprache im gesamtstaatlichen Rahmen. »Auch in zwei- und mehrsprachigen Gebieten spielen die modernen Massenkommunikationsmittel, der Verkehr und die größere Mobilität der Menschen eine immer bedeutendere Rolle bei der Wahl der Sprache im jeweiligen Gespräch« (Protze 1974 S. 391). Dennoch kann nicht davon ausgegangen werden, daß die Sprache kleiner Gemeinschaften nach einem nur kurzen Stadium der Zweisprachigkeit verschwindet. Dem entgegenwirkende Tendenzen sind die Verbreitung und Pflege der Kunst und Literatur und das Vorhandensein von Massenkommunikationsmitteln in dieser Sprache, die Rolle der betreffenden Sprache als Komponente der Ethnizität und die zielgerichtete Einflußnahme durch die staatliche Sprachenpolitik als Element der Nationalitätenpolitik (vgl. Haarmann 1983) (Kasper 1988b S.142 ff). Letztendlich ist jedoch für ihre Reproduktionsfähigkeit entscheidend, inwieweit die Sprache des kleinen Volkes reale, kommunikative Bedürfnisse zu befriedigen und ethnische Funktionen - auch in Auseinandersetzung mit andersethnischen Einflüssen - auszuüben vermag. »Die Lebenskraft (vitality) einer ethnolinguistischen Gruppe ist ihre Fähigkeit, in einer über die Gruppe hinausreichenden Situation (intergroup situation) als spezifisches und aktives Kollektiv zu agieren« (Giles - Bourhis - Taylor 1977 S. 308).

Die sozialpsychologischen Komponenten, die die Zugehörigkeit des einzelnen oder von Gruppen zu nationalen Gemeinschaften erfassen, werden in den Kategorien Ethnizität (ethnicity) bzw. ethnische Identität (vgl. Haarmann 1985 S. 1) dargestellt. Nach von Fishman (zit. in ebenda) vorgenommenen Merkmalswichtungen der Ethnizitätskriterien gehören dazu

1. die Abstammung
2. ethnokulturelle Muster
3. subjektive Identifizierung ethnischer Gruppen.

Demnach entspricht das nationale Selbstbewußtsein weitgehend der Struktur ethnokultureller Muster und der für die subjektiven Identifizierung bestimmenden kulturellen und sozialpsychologischen Komponenten, wie sie von Drobishewa und Arutjunian (Arutjunian - Drobishewa 1987 S. 257ff) (Drobishewa 1985 S. 3) formuliert wurden:

1. Die nationale Identifikation, d.h. das praktizierte Sichbekennen des einzelnen zu seiner Zugehörigkeit zu einer bestimmten nationalen Gemeinschaft.
2. Das Streben der Gemeinschaft nach innerer Homogenität.
3. Kenntnisse über die gemeinsame Herkunft und über bestimmte typische

Merkmale der nationalen Gemeinschaft (Beispielsweise Besonderheiten in der Mentalität, nationale Symbole, Alltagslebensweise) und daraus abgeleitete praktizierte bzw. erwartete Verhaltensmuster.
4. Das Wissen um die Geschichte und die Traditionen der Gemeinschaft.
5. Vorstellungen über bestimmte spezifische geistig-kulturelle Werte der nationalen Gemeinschaft. Dazu tragen sowohl die professionelle Kultur, die Volkskultur und die Folklore, als auch die Wertschätzung der nationalen Sprache bei.
6. Kenntnisse und Rezeption der nationalen Kultur.
7. Vorstellungen über die Unterschiede/Abgrenzung der eigenen Gemeinschaft von anderen.
8. Vorstellungen über die Perspektive der nationalenGemeinschaft.

In diesem Komplex von Strukturkomponenten kommt der Kultur eine übergreifende und unter den bikulturellen Existenzbedingungen der asso-ziierten Gemeinschaften ohne eigene administrative soziale und politische Strukturen, dominierende Rolle zu.

Ein wesentlicher Unterschied zur Ethnizität von Angehörigen von großer Nationen besteht in der geringeren Intensität und in der größeren Spontaneität der genannten Komponenten und in der Verflechtung von Komponenten der Ethnizität der eigenen nationalen Gemeinschaft mit denen der Angehörigen der assoziierenden Nation. »Freiräume« werden durch diese Elemente ausgefüllt. Daher läßt sich die Frage, welche kulturellen Komponenten in welchem Maße Ethnizität bei den Angehörigen einzelner solcher Gemeinschaften prägen durchaus nicht in jedem Fall eindeutig beantworten. Des weiteren ist offensichtlich, daß die Stabilität der Ethnizität von Angehörigen kleiner Völker vor allem in durch die große Nation dominierten gemischtnationalen Territorien (wie im Falle der Sorben und Friesen) geringer ist als in kompakten Siedlungsräumen. Sie ist teilweise nur latent, als nur unter ganz bestimmten Bedingungen in Erscheinung und gesellschaftliche Wirksamkeit tretende bzw. aktivierbare ethnische Bewußtheit, vorhanden (Elle 1989a S. 42f). Der Untersuchung von Mechanismen des Wirksamwerdens latenter Ethnizität sollte vor allem unter dem Aspekt der Funktionen der Kultur als Faktor der Reproduktion der Gemeinschaft verstärkt Aufmerksamkeit gewidmet werden.

Die Komponenten der Aktivierung und Entwicklung der Ethnizität haben auch einen wesentlichen nationalitätenpolitischen Aspekt. Nationalitätenpolitik ist sowohl darauf zu richten, die Durchsetzung demokratischer, von Toleranz und Zusammenarbeit gekennzeichneter zwischennationaler Beziehungen zu fördern, als auch darauf, eine den sozialen und geistig-kulturellen Potenzen der nationalen Gemeinschaft entsprechende individuelle Haltung zur eigenen Nationalität zu stimulieren. Gerade letzteres spielte in der Nationalitätenpolitik der DDR wie auch in anderen sozialistischen Ländern, die für sich die »Bewußtseinsentwicklung« in besonderem Maße beanspruchten, keine Rolle. Man ging vielmehr davon aus, daß »geistige

Grundlage für die Festigung der Freundschaft zwischen den Völkern, für ihre allmähliche Annäherung (...) die einheitliche Ideologie des Marxismus-Leninismus, des sozialistischen Patriotismus und des proletarischen Internationalismus« ist (Schiller 1985 S. 24).

Die Nichtausschöpfung vorhandener Möglichkeiten durch den einzelnen wie durch die Gemeinschaft ist mit Verlusten in der Sozialisation des Individuums verbunden, kann die nationalen Beziehungen belasten und zu einer verstärkten Assimilation führen. Die kulturelle Identität als Komponente der Ethnizität umfaßt Bereiche der soziokulturellen Verhältnisse, die das Eigene, das Besondere der Gemeinschaft bestimmen, das die Angehörigen dieser Gemeinschaft Integrierende, wie auch das sie von anderen Differenzierende. Dem entspricht der von Bausinger charakterisierte Gebrauch der kulturellen Identität im Sinne von »Identität der Kultur, um die Erhaltung einer einheitlichen, zumindest einheitlich erfahrenen Kultur, der sich die Individuen unterzuordnen haben« (Bausinger 1986 S. 143). Die Herausstellung der eigenen Leistungen, Werte und Möglichkeiten trägt mit dazu bei, daß sich die Menschen mit ihrer nationalen Zugehörigkeit und den diese sichernden Strukturen identifizieren können. Dies dient letztendlich der Ausprägung der Ethnizität und ist ein Moment der Stabilität und Entwicklung nationaler Organismen. Dazu wiederum Bausinger: »Indem der einzelne sich seiner kulturellen Grundlagen versichert, festigt er die Kultur, der er sich zugehörig fühlt, und indem die Kultur stabilisiert wird, gibt sie dem einzelnen eine feste Stütze« (ebenda). Die Suche nach Stabilität und Identität birgt (vor allem, aber nicht nur für kleine Völker) jedoch auch entwicklungshemmende, isolationistische Gefahren, nämlich dann, wenn kulturelle Identität als Zwang wirkt und den Zugang zur Herbergskultur und zur Weltkultur künstlich versperrt. Ebenso stellt vor allem unter den Bedingungen assoziierter kleiner Völker die Übermacht der großen Kultur die kulturelle Identität in Frage, falls nicht ein demokratischer, kulturpolitischer Ausgleich gefunden wird.

Zur sozialen, ethnischen und demographischen Struktur der sorbischen nationalen Gemeinschaft als Träger der sorbischen Kultur

Kultursoziologische Analysen stellen ein »unverzichtbares Erkenntnisinstrument in Bezug auf reale kulturelle Prozesse« (Bisky 1982 S. 732) dar und sollten die Grundlage für fundierte kulturpolitische Entscheidungen bilden. In der kulturpolitischen Praxis der DDR wurde dieser Forderung des marxistischen Kultursoziologen Bisky wohl kaum entsprochen. Auch in der sorbischen Volksforschung und in der Kulturpolitik des gemischtnationalen Gebietes wurde dem in der Vergangenheit nur unzureichend Rechnung getragen. So wurden zwar vom Institut für sorbische Volksforschung in den 1960er, 1970er und beginnenden 1980er Jahren einzelne, auf empirisch-soziologische Erhebungen beruhende Untersuchungen durchgeführt (Nowotny 1965a) (Nowotny 1965b) (Förster 1975) (Elle - Elle 1983), deren Ergebnisse waren jedoch zum Teil der Öffentlichkeit nicht zugänglich und wurden auch in den betreffenden öffentlichen Institutionen und von der Domowina kaum zur Kenntnis genommen. Eine Mitte der 60er Jahre vom Institut für sorbische Volksforschung unter Federführung von Paul Nowotny konzipierte umfassende Erhebung im gesamten deutsch-sorbischen Gebiet wurde durch die Abteilung Staat und Recht beim Zentralkomitee der SED abgelehnt. In der internen Begründung für diese Ablehnung, die dem Projektleiter nicht zur Kenntnis gelangte, hieß es: »Da nach Anlage des Materials ... 2 Generationen erfragt werden, wird es objektiv eine Antwort auf den vorsichgehenden Prozeß der natürlichen Assimilation geben. Das kann zu einem sprunghaften Wachsen des sorbischen nationalen Pessimismus einerseits und sorbischen Nationalismus andererseits sowie dem Zunehmen der Selbstlaufideologie in der Durchführung der Nationalitätenpolitik der Partei bei den deutschen Partei- und Staatsfunktionären führen.« (Institut für Geschichte der Arbeiterbewegung, Zentrales Parteiarchiv [nachfolgend ZPA], Dokument 1, S. 1) Weiter führte der zuständige Sektorenleiter in der Abteilung Staat und Recht aus: »Beides halte ich in der daraus möglichen innen- und außenpolitischen Auswirkung für gefährlich. Es wird uns bzw. kann uns bei der Lösung der Aufgaben, die der VII. Parteitag stellen wird, politische Schwierigkeiten in diesem Gebiet bringen.« (ebenda S. 2)

Erst Mitte der 70er Jahre gelang es der Leitung des Institutes für sorbische Volksforschung, das damalige Ministerium für Kultur der DDR als gesellschaftlichen Auftraggeber für dieses in ersten Überlegungen schon mehr als ein Jahrzehnt zuvor angedachte Projekt zu gewinnen. Die vielfältigen politischen »Bedenken« gegen eine breit angelegte Bevölkerungsbefragung zur sorbischen Problematik und die komplizierten Genehmigungsverfahren für wissenschaftliche Befragungen brachten es mit sich, daß sich die Vorbereitungsphase des Projektes von August 1979 (Bildung der Arbeitsgruppe Komplexbefragung und der Erarbeitung einer ersten Konzeption) bis April 1986 (Testerhebung in einem Ort) bzw. bis Januar/Februar 1987 (Durchführung der Hauptbefragung) erstreckte. Unsere nachfolgende Analyse gegenwärtiger Prozesse der Entwicklung und Rezeption der sorbischen Kultur baut auf dieser Befragung auf und bezieht sich auf das ländliche deutsch-sorbische Gebiet. Dabei getroffene wesentliche Feststellungen gelten jedoch weitgehend auch für die Sorben in den Städten, auf einige Besonderheiten wird an entsprechender Stelle eingegangen. Untersucht wurden die Gemeinden Malschwitz (Kreis Bautzen), Rosenthal (Kreis Kamenz), Trebendorf (Kreis Weißwasser) und Zeißig (Kreis Hoyerswerda) - diese Gemeinden gehören nunmehr zum Freistaat Sachsen - sowie die Gemeinde Turnow (Kreis Cottbus-Land) im Bundesland Brandenburg. Nach der Bezirksstruktur der DDR gehörten Malschwitz und Rosenthal zum Bezirk Dresden, die übrigen Gemeinden zum Bezirk Cottbus. Die Auswahl der untersuchten Gemeinden erfolgte auf Grundlage seinerzeit vorliegender statistischer Materialien der Volks-, Berufs-, Wohnraum- und Gebäudezählung der Jahre 1971 und 1981 in Abstimmung mit dem Auftraggeber sowie in Zusammenarbeit mit dem Bundesvorstand der Domowina.

Die Untersuchung war als ethnosoziologische Analyse der aktuellen Lebensweise in der gemischtnationalen Lausitz konzipiert. Es war vorgesehen, sowohl Sorben als auch Deutsche in die Untersuchung einzubeziehen, um auch empirisch gesicherte Aussagen über die nationalen Beziehungen zu erzielen. Ethnosoziologische Erhebungen in einem solchen Umfang waren am Institut für sorbische Volksforschung bisher noch nicht durchgeführt worden. Daher machte sich eine enge Zusammenarbeit mit Experten vor allem in der Phase der Konzipierung der Erhebung, der Wahl der zu untersuchenden Gemeinden, der Gestaltung des Fragebogens, der Art der Datenerfassung wie auch der statistischen Auswertung mittels moderner, zunächst zentraler (Rechner E 1055 beim Rechenzentrum der AdW), später dezentraler (Robotron-PC A 7100, A 7150) Rechentechnik erforderlich. Diese Unterstützung und Zusammenarbeit gewährten sowohl inländische Partner, namentlich das ehemalige Institut für Soziologie und Sozialpolitik der Akademie der Wissenschaften und das damalige Zentrum für gesellschaftswissenschaftliche Information der AdW sowie seitens sowjetischer Kooperationspartner die Arbeitsgruppe »Konkrete ethnosoziologische Forschungen« im Institut für Ethnographie der Akademie der Wissenschaften der UdSSR unter Leitung von Frau Prof. L. M. Drobishewa. Neben der Befragung wurde eine Dokumentenanalyse zu den Untersuchungsgemeinden erarbeitet, die das empirisch erhobene statistische Material ergänzen sollte.

Die Befragung wurde an Hand eines Fragebogens (siehe Anlage) mit meistenteils geschlossenen Fragen durchgeführt. Dieser Fragebogen enthielt in nachfolgenden Komplexen insgesamt 245 Fragen mit entsprechenden Antwortmöglichkeiten:

Komplex 1: Kulturelles Leben auf dem Lande
Komplex 2: Zusammenleben von Deutschen und Sorben
Komplex 3: Sorbische Sprache, Zweisprachigkeit
Komplex 4: Sorbische Kunst und Literatur, Volksbräuche
Komplex 5: Sorbische Medien, sorbische Literatur
Komplex 6: Demographische Struktur, Sozialstruktur, Berufstätigkeit, gesellschaftliches Engagement
Komplex 7: Nationale Identität
Komplex 8: Freizeit

Der erste Entwurf des Fragebogens wurde 1986 in einer Befragung unter nahezu 300 Einwohnern des Ortes Cölln bei Bautzen getestet und entsprechend den gewonnenen Erfahrungen präzisiert. Eine Wiederholung der Befragung bei ca. 100 Befragten in Cölln ergab, daß sich die eingeführten Änderungen als zweckmäßig erwiesen. Die Hauptbefragung erfolgte in den Monaten Januar bis Februar 1987. Über die Befragung wurde die Bevölkerung etwa eine Woche vor Beginn durch Postwurfsendungen informiert. Diese Vorinformation hat sich zweifelsohne positiv auf die Bereitschaft zur Mitarbeit ausgewirkt. An den Befragungstagen selbst verteilten Mitarbeiter des Institutes die Fragebögen in den Haushalten und vereinbarten den Termin der Abholung, in der Regel der folgende oder übernächste Tag. Die Fragebögen wurden in der Regel durch die Befragten selbst ausgefüllt, Hilfen seitens der Mitarbeiter des Institutes für sorbische Volksforschung waren nur in wenigen Fällen erforderlich. Nach Angaben von Befragten waren die Fragen verständlich formuliert, so daß kaum Unklarheiten auftraten. Daraus erklärt sich auch die durchschnittlich hohe Quote der Abgabe von auswertbaren Fragebögen. Sie lag in Turnow bei 78,1 Prozent (in dieser Gemeinde gab es Versäumnisse der Post bei der Verteilung der Postwurfsendungen), in Zeißig bei 82,5 Prozent, in Rosenthal bei 85,0 Prozent, in Malschwitz bei 87,5 Prozent und in Trebendorf bei 88,5 Prozent der zum Erhebungszeitpunkt im Ort anwesenden Personen über 16 Jahre. Damit war von vornherein eine hohe Repräsentanz der Erhebung gesichert, die auch durch Kontrollen an Hand der Daten der Volkszählung 1981 überprüft wurde.

Die rechentechnische Aufbereitung des Datenmaterials erforderte, geschuldet der zu dieser Zeit noch unzureichenden Ausstattung des Instituts für sorbische Volksforschung mit Computern, einen Zeitraum von sechs Monaten. So konnte Ende 1987 mit der inhaltlichen Auswertung des Materials begonnen werden. Erste Ergebnisse wurden in Beiträgen des »Lětopis D« (Elle 1987) und »Lětopis C« (Balke 1989), (Lange-Jahn 1991), (Förster

1991), zu Institutskolloquia 1988 und 1990 sowie in Beiträgen im »Rozhlad« (Elle 1988) (Elle 1989a) (Elle 1989b) (Elle 1989c) (Elle 1990a) (Förster 1990b) veröffentlicht. Die Sprachsituation der Sorben wurde in einem Beitrag der Zeitschrift »Europa Ethnika« vorgestellt (Elle 1992). Die Relevanz der ermittelten Daten hat sich infolge der weitreichenden gesellschaftlichen Veränderungen seit dem Herbst 1989 zum Teil beträchtlich verschoben. Dies betrifft vor allem den Komplex der sich um die politische Kultur und die politische Sozialisation der Befragten rankt, ferner auch das kulturelle Rezeptionsverhalten vornehmlich bezüglich der deutschen und sorbischen Medien. Dennoch besitzen die gewonnenen Daten neben ihrem historischen Wert, eine ausgehende »sozialistische« Nationalitätenpolitik zu reflektieren, auch für die Beantwortung zahlreicher theoretischer - so nach Struktur und Intensität der Ethnizität eines kleinen assoziierten Volkes - und praktischer (kultur- und nationalitätenpolitischer) Fragen ihre Bedeutung.

Die nationale Zugehörigkeit der Bewohner des gemischtnationalen Gebietes wurde im Zuge allgemeiner statistischer Erhebungen (Volks-, Berufs-, Wohnraum- und Gebäudezählungen) in der Vergangenheit nicht erfaßt. Für die Analyse ethnischer und kultureller Prozesse sind solche Erhebungen jedoch erforderlich, um zu empirisch fundierten Trendaussagen gelangen zu können und erforderliche Leitungsentscheidungen der Nationalitätenpolitik zu qualifizieren. Bisherige, zumeist punktuelle Untersuchungen (Förster zu ländlichen Industriearbeitern [Förster 1975], E. und L. Elle zu deutschen und sorbischen Genossenschaftsbauern [Elle - Elle 1983]) erfüllten diese Ansprüche aus objektiven Gründen nicht. Dies gilt auch für die nationalen Aspekte der von Förster vorgenommenen Auswertungen der Volkszählungen der Jahre 1971 und 1981 (Förster 1979) (Förster 1986).

Die im Rahmen der Komplexuntersuchung 1987 gewonnenen Angaben gestatten nun in Verbindung mit den von Förster an Hand der Volks-, Berufs-, Wohnraum- und Gebäudezählungen der Jahre 1971 und 1981 ausgewerteten Daten für das gemischtnationale Gebiet erstmals einige wesentliche Aussagen zur realen sozialen und demografischen Struktur der sorbischen Bevölkerung der Gegenwart.

In der nationalitätenpolitischen Praxis der ehemaligen DDR wurde in der Regel von einer Gesamtzahl von 100 000 Sorben ausgegangen (vgl. Schiller 1985). Diese wurde als konstante Größe behandelt und auch in wissenschaftlichen Veröffentlichungen, die in der DDR erschienen sind, nur in den wenigsten Fällen angezweifelt. Lediglich Schuster-Šewc ging u.a. in Veröffentlichungen 1982 und 1989 von 50 000 sorbischsprachigen Personen aus: »Die Zahl der sorbischsprachigen Bevölkerung betrug Ausgang des 19. Jh. über 150 000 Menschen, gegenwärtig dürfte sie aber kaum mehr als 50 000 Personen erreichen« (Schuster-Šewc 1989) (Schuster-Šewc 1982).

Demgegenüber brachten westdeutsche Wissenschaftler wiederholt ihre Zweifel an der Richtigkeit dieser Daten zum Ausdruck. So heißt es in der Puplikation »Nationale Minderheiten in Europa« aus dem Jahre 1975 »Heute wird von DDR-Behörden eine Zahl von 100 000 Sorben angegeben. Realisten glauben höchstens an die Hälfte. Auch Zahlen von nur 30 000 werden von glaubwürdigen (nicht näher bestimmten - L. E.) Quellen genannt« (Grulich - Pulte 1975 S.21). In einer Übersicht (ebenda S. 207) nennen die Autoren die Zahl 62 000 (ohne Beleg - L.E.). Auch Sorabus nahm für die 80er Jahre eine deutlich geringere Sorbenzahl als die in den 50er Jahren ermittelten rund 80 000 (Tschernik 1956a) (Tschernik 1956b) (vgl. Gróś 1989b) - die genaugenommen Personen mit sorbischen Sprachkenntnissen umfaßte, an (Sorabus 1980 S. 235). Förster, der sich wohl als einziger sorbischer Volkskundler in den letzten Jahren mit demographischen Fragestellungen beschäftigte und unter anderem die Volkszählungen von 1971 und 1981 für das deutschsorbische Gebiet auswertete, nahm, sich auf administrativen Regelungen berufend, die Zahl von 100 000 Sorben allein für das gemischtnationale Gebiet an und ging von weiteren ca. 16 000 Sorben außerhalb dieses Territoriums (in angrenzenden Gemeinden und Kreisen, aber auch in anderen Bezirken der DDR) aus (Förster 1986 S.18). Nach der politischen Wende im Herbst 1989 gab es von der Bürgerbewegung »Sorbische Volksversammlung« Vorstöße, eine realistischere Zahl der sorbischen Einwohner zu ermitteln. Schätzungen der Autoren eines entsprechenden Beitrages in der »Nowa Doba« gingen von einer Sorbenzahl von 60 000 aus (Malinkowa - Hendrich - Kozel 1989), die Förster in einer Erwiderung als das Minimum bezeichnete (Förster 1989). Später wurde vom damaligen Ersten Sekretär des Bundesvorstandes der Domowina, Jurij Gróś, die Zahl 80 000 (sich auf die Ergebnisse von Tschernik 1956 berufend) (Gróś 1989b) in die Diskussion gebracht, wobei auch für diese Angabe jegliche aktuelle empirische Grundlage fehlte. Die Gründe für das hartnäckige Festhalten an der Zahl von Einhunderttausend Sorben bis über den Oktober 1989 waren zumindest dreifacher Natur. Der SED-Führung war nicht daran gelegen, ihrer als erfolgreich, ja beispielgebend dargestellten Nationalitätenpolitik entgegenstehende Realitäten zu offenbaren. Aber auch aus sorbischer Sicht war man durchaus nicht daran interessiert, Prozesse der Assimilation, deren Existenz durchaus anerkannt wurde - [Kurt Krenz, langjähriger von der SED gesteuerter Vorsitzender der Domowina in einem Gespräch mit dem polnischen Journalisten Azembski (Azembski 1970 S. 28)] -, herauszuheben, weil man negative Auswirkungen auf das nationale Selbstbewußtsein der Sorben befürchtete und sich auch in der deutschen Bevölkerung vorhandene latente antisorbische Stimmungen entladen könnten. Darüber hinaus würde ein merklicher Rückgang der Sorbenzahl auch die Selbstdarstellung der Domowina als erfolgreiche Interessenvertreterin des sorbischen Volkes diskreditieren. Nach dem einsetzenden Übergang zu einer Demokratie bundesdeutscher Prägung wurden von einigen Vertretern der sorbischen Öffentlichkeit auch Befürchtungen geäußert, eine deutlich geringere Zahlenangabe zur sorbischen Bevölkerung könnte zu Reduzierungen in der staatlichen Förderung der sorbischen Kultur führen (Rajš 1989) (Gróś 1990b).

Obwohl Tendenzen der natürlichen Assimilation von Sorben nie in Frage gestellt wurden, gab es aber auch keine ernsthaften wissenschaftlichen Bemühungen, Grad und Struktur dieser Assimilation zu erfassen und entsprechende Schlußfolgerungen für die Gesamtzahl der Sorben zu ziehen bzw. wurden solche Bemühungen mittels der dirigistischen Wissenschaftspolitik der SED unterdrückt. Lediglich die Laienforscherin T. Malinkowa stellte 1988 in einer populären Abhandlung einige Problemfelder der Assimilation zur Diskussion (vgl. Malinkowa 1988a) und verwies fußend auf kirchenstatistischen Unterlagen der evangelischen Kirchgemeinde Gröditz auf drastische Rückgänge in der Zahl sorbischer evangelischer Christen (Malinkowa 1988b). Anhand der Komplexuntersuchung 1987 ist es nun erstmals möglich, ein genaueres Bild über die verlaufenden ethnischen Prozesse zu zeichnen, was für die Auswertung der Rolle der sorbischen Kultur und Sprache und der Bewertung ihrer realen allgemeinen und ethnospezifischen Funktionalität von wesentlicher Bedeutung ist. Dazu wurde auf der Grundlage der ermittelten Angaben zur nationalen Zugehörigkeit und unter Berücksichtigung der territorialen Differenziertheit eine Hochrechnung der Sorbenzahl durchgeführt (Elle 1990b) (Förster 1990a).

Das Bekenntnis zu der einen oder anderen Nationalität besaß im deutsch-sorbischen Gebiet nach 1945 für den einzelnen keine wesentliche praktische soziale Bedeutung im Sinne einer Benachteiligung oder Bevorteilung. Weitgehend, und das wurde auch für die Sorben wiederholt dargestellt (Gros 1987), nutzten die Menschen (unter den Bedingungen deformierter politischer und gesellschaftlicher Strukturen jedoch zum Teil auch ungerechtfertigt behindert) unabhängig von ihrem nationalen Bekenntnis viele Möglichkeiten der sozialen Entwicklung und kulturellen Entfaltung. Daher erfolgte die individuelle Bestimmung der nationalen Zugehörigkeit vor allem im Ergebnis des Zusammenwirkens bestimmter objektiver und subjektiver Faktoren. Zu ersteren gehörten vor allem die Integration in das geistig-kulturelle Leben der sorbischen nationalen Gemeinschaft, die Herkunft und die Muttersprache, zu letzteren die Stellung der sorbischen Sprache und Kultur im Wertgefüge des Individuums und die sich im Lebensprozeß herausgebildete Haltung zur nationalen Herkunft. Hierauf wirkten ferner auch solche Faktoren wie die öffentliche Meinung zur sorbischen Nationalität und zur Nationalitätenpolitik und vielfältige persönliche Erfahrungen ein.

Diese unterschiedlichen objektiven und subjektiven Einflußfaktoren hatten zur Folge, daß in der Praxis nationales sorbisches Selbstbewußtsein sehr differenziert auftrat. Die Skala reichte von einem nur latent vorhandenen nationalen Selbstbewußtsein, das sich beispielsweise nur auf das Wissen über die nationale Herkunft beschränkte, bis zu einem voll ausgeprägten, durch mannigfaltige Integration in das geistig-kulturelle Leben der Sorben gesicherten Selbstbewußtsein. Daraus ergeben sich verschiedene Herangehensweisen an die Frage der Zahl der Sorben, die hier kurz dargelegt werden sollen.

So kann man von einer sehr weiten Skala ausgehen, die auch weniger ausgeprägte Stufen des nationalen Selbstbewußtseins in die Bestimmung der Nationalität »Sorbisch« einbezieht, beispielsweise alle Träger der sorbischen Sprache. In der Komplexforschung 1987 wiesen mehr als 60 Prozent der Befragten aus, sorbisch sprechen zu können. Umgerechnet auf das ländliche Gebiet des gemischtnationalen Territoriums ergäbe dies unter Berücksichtigung der territorialen Differenziertheit ca. 60 000 Sorben, zu denen noch die Sorben aus den Städten hinzuzuzählen wären. Die Zahl sorbischsprechender Einwohner in den Städten wurde seit den Erhebungen von Arnošt Muka in den 1880er Jahren nicht mehr ermittelt. Tschernik schätzte 1956 für die Lausitzer Städte knapp 9 000 (Tschernik 1956b). Die von Förster 1986 (Förster 1986) veröffentlichte Zahl von 15 000 erscheint in diesem Lichte auch bei Berücksichtigung von Eingemeindungen und Migrationen als empirisch nicht belegt und deutlich überhöht. Diese Werte erreichte nicht einmal Muka für seine Zählung. Er ermittelte eine Zahl von ca. 11 000 sorbischsprachigen Stadtbewohnern (Muka 1885a) (Muka 1885b) für das noch heute zum deutsch-sorbischen Gebiet zählende Territorium. Unsere Schätzungen auf Grundlage der für den ländlichen Bereich ermittelten Daten gehen von einer städtischen sorbischen Bevölkerung von 4 000 bis 5 000 aus.

Der Herangehensweise, die Zahl der Sorben der Zahl sorbischsprechender Bürger gleichzusetzen, spricht allerdings schon allein die Tatsache entgegen, daß ca. 24 Prozent der betreffenden Bewohner nur ein elementares Niveau ihrer sorbischen Sprachkenntnisse angaben. 1956 betrug der entsprechende Anteil nach den Tschernikschen Erhebungen erst ca. 16 Prozent. Darüber hinaus bleibt auch unberücksichtigt, daß ein zunehmender Teil der betreffenden Personen ihre Sprachkenntnisse nicht primär im Elternhaus, sondern im Schulunterricht erworben hat (vgl. Elle 1992). Eine sehr enge Skala, die nur durch das ausdrückliche Selbstbekenntnis zur sorbischen Nationalität gekennzeichnet ist (ausschließlich derer, die eine doppelte nationale Zugehörigkeit »deutsch-sorbisch« angaben), würde zu einem weitaus geringeren sorbischen Bevölkerungsanteil führen. In der Komplexuntersuchung 1987 betrug dieser Anteil 25 Prozent, was umgerechnet auf das gesamte Gebiet zu einer Zahl von ca. 35 000 führen würde. Aber auch diese Zahl belegt durchaus die Richtigkeit und Notwendigkeit einer demokratischen Nationalitätenpolitik, die ja nicht erstrangig von quantitativen Faktoren abhängt. Allerdings blieben hierbei bereits genannte, für ein gemischtnationales Territorium charakteristische Abstufungen der nationalen Identität unberücksichtigt, beispielsweise im Zusammenhang mit gemischtnationalen Familien.

Aus diesen Erwägungen heraus kann eine solche Festlegung der Nationalität als effektiv, sich der Realität annähernd und für die Gestaltung der Minderheitenpolitik tragfähig angesehen werden, die

1. durch eine reale Einbindung der betreffenden Menschen in das sorbische geistig-kulturelle Leben und ein Mindestmaß an Intensität der Rezeption sorbischer Kultur gekennzeichnet,

2. durch das subjektive Bekenntnis (einschließlich zu einer doppelten nationalen Zugehörigkeit) bestimmt ist.

In der Komplexforschung 1987 wurde die Relevanz dieser Herangehensweise durchaus bestätigt und durch weitere Momente untermauert. Dabei konnte festgestellt werden, daß sich der entsprechende Personenkreis weitgehend mit den Befragten deckte, die als eigene Bestimmung der Nationalität »Sorbisch« und »Deutsch-Sorbisch« wählten. Ferner waren nahezu alle der auf diese Weise als sorbisch erkannten Personen sorbischer oder gemischtnationaler Herkunft und verfügten auch überwiegend über eine mittlere oder hohe Intensität der Einbindung in das sorbische Kulturleben und über (meist elementares Niveau übersteigende) Kenntnisse der sorbischen Sprache. Nur weniger als drei Prozent der Befragten sorbischen oder doppelten nationalen Bekenntnisses gaben an, aus deutschen Elternhäusern zu stammen. Dies belegt die Ausnahmesituation eines Nationalitätenwechsels Deutsch → Sorbisch. Dagegen gingen ca. 13 Prozent der Nachkommen sorbischer Eltern zur deutschen Nationalität über. Hier handelt es sich also ganz offensichtlich um typische ethnische Prozesse der Assimilation. Desweiteren schlagen sich aber auch noch die Folgen der Germanisierungs- und Assimilationspolitik der Vorkriegszeit nieder. So betrug die Rate der Wechsel zur deutschen Nationalität bei Nachkommen sorbischer Elternhäuser, die in der Zeit des deutschen Faschismus aufwuchsen, ca. 18 Prozent gegenüber einer vergleichbaren Assimilationsrate von acht Prozent unter den Bedingungen der gesellschaftlichen Entwicklung nach 1945 in der DDR. Darüber hinaus schließt die angegebene Rate offensichtlich auch einen bestimmten Anteil nichtnatürlicher, gewaltloser Assimilation infolge z. T. fehlerhafter Nationalitätenpolitik, beispielsweise in Bezug auf die sorbische Sprache, die Religiosität und das Schulwesen, mit ein. Diese Prozesse können aber hier im einzelnen nicht untersucht werden (vgl. Elle 1990c).

Anzumerken ist aber, daß auch die hier gewählte Bestimmung der nationalen Zugehörigkeit die ganze Vielfalt des Lebens nicht umfassend widerspiegeln kann. Sie gestattet es jedoch besser, wesentliche Erkenntnisse über die reale Entwicklung und Funktion der sorbischen Kultur und Sprache und ihre Rezeption durch Sorben zu gewinnen, als die formelle Gleichsetzung von sorbischen Sprachkundigen und Sorben, wie auch eine, die konkreten Bedingungen des gemischtnationalen Gebietes außer acht lassende Beschränkung nur auf die eineindeutigen »Bekenntnis«-Sorben. Daher gehen wir im folgenden von einer Zahl sorbischer Einwohner in den Ländern Brandenburg und Sachsen von ca. 45 000 bis 50 000 aus, die auf der Grundlage der Komplexuntersuchung hochgerechnet wurde (Elle 1990b) (Förster 1990b).

Die Sozialstruktur (im weiten Sinne, d. h. Struktur der Beschäftigten, das Bildungsniveau, die Verteilung der deutschen und sorbischen Beschäftigten auf verschiedene Wirtschaftsbereiche) der Bevölkerung der gemischtnationalen Lausitz weist keine primär national bedingten Differenzierungen

Tab. 1
Sorbische Berufstätigenstruktur nach Altersgruppen (in Prozent zur Gesamtzahl der Berufstätigen der jeweiligen Altersgruppe)

Altersgruppe	Arbeiter	Angestellte	Bauern	Selbständige
bis 25 Jahre	66,9	23,1	9,9	0,1
bis 35 Jahre	56,1	30,9	10,8	2,2
bis 45 Jahre	46,9	28,1	21,9	3,1
bis 55 Jahre	54,3	20,7	21,6	3,4
über 55 Jahre	47,1	14,9	33,4	4,6

auf (vgl. Förster 1979) (vgl. Förster 1986). Soweit sie aus der Vergangenheit übernommen wurden, konnten sie im wesentlichen bis zu Beginn der 70er Jahre überwunden werden. Die Sozialstruktur des deutsch-sorbischen Gebietes entspricht dem typischen Bild für entsprechende ländliche Territorien mit industriellem Umfeld. Von den befragten sorbischen Berufstätigen waren 54,8 Prozent als Arbeiter und 23,8 Prozent als Angestellte tätig. Bauern, 1987 ausschließlich in landwirtschaftlichen Produktionsgenossenschaften, waren 18,6 Prozent. Einer selbständigen Erwerbstätigkeit als Handwerker, Gewerbetreibender oder mithelfender Familienangehöriger gingen 1987 lediglich 2,8 Prozent nach, ein Anteil, der sich infolge der Veränderungen in den wirtschaftlichen Strukturen seit der Vereinigung beider deutscher Staaten deutlich erhöht haben dürfte. Die entsprechenden Anteile bei deutschen Befragten betrugen in gleicher Folge: 50,7; 23,1; 11,9 und 4,3 Prozent. Die feststellbaren Differenzen sind vor allem der unterschiedlichen Altersstruktur der deutschen und sorbischen Beschäftigten geschuldet (Förster 1990a). Vor allem der unter den Sorben in den höheren Altersgruppen deutlich größere Anteil an Bauern macht sich dabei bemerkbar.

Während durchschnittlich 18,6 Prozent der sorbischen Berufstätigen Bauern waren, betrugen die entsprechenden Anteile bei den bis 25jährigen 9,9 Prozent und bei den bis 35jährigen 10,8 Prozent. In der Gruppe der bis 45jährigen wird der Durchschnitt erreicht und in den Altersgruppen der über 55jährigen dann wesentlich übertroffen (siehe Tab. 1).

Die nationale Zugehörigkeit (vgl. Tab. 2) übte bisher auf die Sozialstruktur im gemischtnationalen Gebiet keinen nennenswerten Einfluß aus. Regionale Besonderheiten erklärten sich vornehmlich aus der differenzierten Wirtschaftsstruktur in den Territorien. Stadt- und industrienahe Dörfer wiesen danach einen höheren Anteil an Arbeitern aus, industrieferne einen niedrigeren (was sich in unseren Angaben insofern niederschlägt, als die untersuchte Gemeinde mit den meisten Sorben - Rosenthal - zu den relativ industriefernen Gemeinden gehört). Dementsprechend betrug beispielsweise

Tab. 2
Struktur der Berufstätigen nach Nationalität (in Prozent zur Gesamtzahl der Berufstätigen der entsprechenden Nationalität)

	Arbeiter	Angestellte	Bauern	Selbständige
Deutsche	50,7	33,1	11,9	4,3
Sorben	54,8	23,8	18,6	2,8
Gesamt	52,1	30,0	14,1	3,8

die Quote der Berufstätigen, die in Städten arbeiteten, in Rosenthal lediglich 26,9 Prozent, dagegen in Malschwitz 35,5 Prozent, in Trebendorf 40,3 Prozent und in Turnow und Zeißig 57,4 bzw. 57,7 Prozent.

Die Neustrukturierung des gesellschaftlichen Lebens beginnt auch die Sozialstruktur des gemischtnationalen Gebietes wesentlich zu verändern. Diese Veränderungen betreffen alle Wirtschaftsbereiche und äußern sich im deutsch-sorbischen Gebiet vor allem in Anfängen der Herausbildung eines Mittelstandes und in tiefgreifenden Veränderungen in der Landwirtschaft. Aber auch grundsätzliche Verschiebungen innerhalb der sozialen Strukturierungen der Arbeiter und der Angestellten sind ausgelöst. Nicht zuletzt hat die Zahl der zeitweilig oder ständig nicht Berufstätigen (Hausfrauen, Arbeitslose, Vorruheständler und Rentner) deutlich zugenommen. Zu Beginn der 1990er Jahre ist noch nicht abzuschätzen, ob sich diese Entwicklungen national differenziert vollziehen werden, was von den Ausgangsbedingungen her nicht zwangsläufig der Fall sein muß. Bereits bestehende Unterschiede hinsichtlich des Verhältnisses von Berufstätigen und Rentnern zwischen Deutschen und Sorben werden sich jedoch zwangsläufig mit der Zunahme der Zahl der Vorruheständler erhöhen. Gemessen an den Altersangaben des Jahres 1987 würden sich die Proportionen von Befragten im Berufstätigkeitsalter zu solchen im Vorrenten- bzw. Rentenalter von 93,1 zu 6,9 bei den Deutschen auf 80,9 zu 19,1 verändern, bei den Sorben vollzöge sich diese Veränderung bei linearer Fortschreibung der Altersstruktur von 87,9 zu 12,1 auf 70,3 zu 29,5 Prozent.

Bei den bisherigen Darlegungen ist vom gemischtnationalen Territorium als einheitlichem Siedlungsgebiet der sorbischen Bevölkerung ausgegangen worden. Dieses Prinzip wird in der weiteren Untersuchung grundsätzlich beibehalten. Wo erforderlich, müssen aber auch wesentliche territoriale Besonderheiten, die es in der Verteilung der sorbischen Bevölkerung und in der Ausprägung der sorbischen Ethnizität gibt und die in Form von Subregionen (nachfolgend auch mit SR abgekürzt) zusammengefaßt werden können, berücksichtigt werden.

Tab. 3
Anwendung der sorbischen Sprache nach Altersgruppen und Kommunikationsbereichen durch Sorben in Turnow (in Prozent gerundet, in Klammern absolut)

Altersgruppen	Kommunikationsbereich		
	Familie	Betrieb	sorbische Bekannte
bis 25 Jahre	– (0)	– (0)	– (0)
bis 35 Jahre	– (0)	– (0)	– (0)
bis 45 Jahre	– (0)	33 (1)	33 (1)
bis 55 Jahre	43 (3)	29 (2)	83 (5)
bis 65 Jahre	46 (6)	– (0)	75 (9)
über 65 Jahre	50 (7)	30 (3)	92 (11)
Gesamt	30 (16)	15 (6)	51 (16)

Eine erste Subregion (nachfolgend auch als Subregion I, bzw. SR I bezeichnet) bilden die Gemeinden der deutsch-sorbischen Niederlausitz (nach der traditionellen religiösen Struktur handelt es sich um evangelische Kirchgemeinden) mit einer Gesamtzahl von etwa 7 000 bis 8 000 Sorben, die sich in dieser Region in deutscher Sprache auch heute noch meist als Wenden bezeichnen. Sie wurden in der Komplexforschung 1987 durch die Gemeinde Turnow (Kreis Cottbus-Land) repräsentiert. In dieser Subregion treffen wir auf einen durchschnittlichen sorbischen Bevölkerungsanteil von ca. 15 Prozent bis ca. 20 Prozent (Turnow 15 Prozent). Der Anteil der sorbisch sprechenden Bevölkerung veringerte sich von ca. 99 Prozent im Jahre 1880 (Muka 1885a S. 129–159) auf etwa 60 Prozent im Jahre 1956 (vgl. Tschernik 1956a) und betrug 1987 noch ca. 35 Prozent. Damit beherrscht auch in der Gegenwart noch ein durchaus nicht geringer Teil der Bevölkerung die sorbische Sprache, wendet sie aber im Alltag nur sehr wenig oder überhaupt nicht an (vgl. Tab. 3).

Die Struktur der nationalen Identität der Sorben der Subregion I ist demnach weniger stark durch sprachliche Faktoren bestimmt, auch in der Familie und mit sorbischen Bekannten wird vorrangig die deutsche Sprache genutzt. Hinsichtlich der Struktur der Familien und Ehen der Sorben überwiegen sehr stark gemischtnationale. Dies hat nicht unwesentlichen Einfluß auf die Assimilation. Nach ethnosoziologischen Erkenntnissen reduziert ein Anteil von mehr als 20 Prozent gemischtnationaler Familien, in Abhängigkeit von den generellen Tendenzen bei der Wahl der Nationalität durch die Kinder aus diesen Familien, die Zahl der Angehörigen der sorbischen Nationalität im Verlaufe weniger Generationen erheblich (vgl. Bromlej 1983 S. 202). Dieser »Schwellenwert« für die vollständige Assimilation ist in der

Region also offensichtlich erreicht und überschritten. Dies belegt auch die Tatsache, daß die sorbische Sprache in der jüngeren Generation als Primärsprache verschwunden ist (vgl. Elle 1992b).

Hinsichtlich des real verfügbaren Fonds der sorbischen Kultur im Territorium und der sorbischen Bräuche und Traditionen, zählt die Niederlausitz zu dem Teil des gemischtnationalen Gebietes, in welchem noch zahlreiche Bräuche und Traditionen gepflegt werden, jedoch die Rezeption sorbischer künstlerischer Kultur nicht zuletzt ob der teils geringen sprachlichen Voraussetzungen und des unzureichenden sorbischen kulturellen Angebotes weniger intensiv ist (vgl. Elle 1989c). Traditionen der sorbischen nationalen Organisation Domowina entwickelten sich vor allem nach dem zweiten Weltkrieg. In den letzten ca. 15 Jahren vor der »Wende« entstanden in dieser Region einige mitgliederstarke Ortsgruppen und es wurde ein breiteres kulturell-künstlerisches Leben angestrebt. 1989 hatten diese nahezu 2 700 Mitglieder, von denen ca. 1 600 (59,0 Prozent) über sorbische Sprachkenntnisse verfügten (Datenbank Domowina 1989).

Die Subregion II - das traditionell evangelische gemischtnationale Gebiet der Kreise Bautzen und Niesky - weist einen sorbischen Bevölkerungsanteil zwischen durchschnittlich 10 und 20 Prozent auf, das sind derzeit etwa 6 500 bis 7 000 Einwohner. Die Struktur sorbischer Sprachkenntnisse der Bevölkerung sowie deren Entwicklung ist ähnlich der in Subregion I. Der Anteil der sorbisch Sprechenden ging in der für diese Region untersuchten Gemeinde Malschwitz von 92,1 Prozent im Jahre 1880 (Muka 1885b) auf ca. 60 Prozent 1956 (Tschernik 1956b) und weniger als 30 Prozent 1987 zurück. Die assimilatorischen Prozesse wurden nach dem zweiten Weltkrieg durch den Zustrom deutscher Aussiedler in die Gemeinde noch verstärkt. Nach 1946 ermittelten Daten lebten in der Gemeinde zu dieser Zeit 257 Umsiedler, was einem Drittel der Gesamtbevölkerung entsprach (SKA D II/8.5. S. 18). Die sorbische Sprache wird vornehmlich noch in der älteren Generation genutzt (vgl. Tab. 4).

Dementsprechend ist auch in dieser Region die Struktur der nationalen Identität weniger durch sprachliche Faktoren geprägt. In der Familie, im Kollegen- und Bekanntenkreis hat die sorbische Sprache in den jüngeren Jahrgängen nur noch einen geringen Stellenwert und wird trotz vorhandener Sprachkenntnisse nicht mehr genutzt. Die Zahl und der Anteil der Einwohner mit sorbischen Primärsprachkenntnissen in der jüngeren Generation sind außerordentlich gering. Der sehr hohe Anteil gemischtnationaler Ehen und Familien begünstigte, verbunden mit dem geringen Stellenwert der sorbischen Sprache in den Wertestrukturen des sorbischen Partners, den deutschen Sprachgebrauch in der Familie.

Im kulturell-künstlerischen Bereich bestehen in weiten Teilen der Subregion II durchaus bemerkenswerte Traditionen, an die auch gegenwärtig noch angeknüpft wird. So gehören die Besuche der Vogelhochzeitsveranstaltungen und der Herbstkonzerte der Domowina zu den bestbesuchten sorbischen

Tab. 4
Anwendung der sorbischen Sprache nach Altersgruppen und Kommunikationsbereichen durch Sorben in Malschwitz (in Prozent gerundet, in Klammern absolut)

Altersgruppen	Kommunikationsbereich		
	Familie	Betrieb	sorbische Bekannte
bis 25 Jahre	– (0)	50 (1)	33 (1)
bis 35 Jahre	– (0)	– (0)	– (0)
bis 45 Jahre	40 (2)	– (0)	40 (2)
bis 55 Jahre	11 (1)	– (0)	67 (6)
bis 65 Jahre	14 (2)	9 (1)	54 (7)
über 65 Jahre	39 (5)	50 (2)	75 (9)
Gesamt	22 (10)	13 (4)	58 (25)

Veranstaltungen. Im Gegensatz zur Subregion I besteht aber eine weit geringere Vielfalt lebendiger sorbischer Bräuche.

Die Domowina hat vor allem im Kreis Bautzen lange Traditionen. Ihr gehörten 1989 mehr als 2 860 Mitglieder an, von ihnen besaßen ca. 2 100 sorbische Sprachkenntnisse. Dies entsprach einem Anteil von 72,8 Prozent (Datenbank Domowina 1989).

Die Subregion III bilden die Gemeinden der mittleren Lausitz. Sie umfaßt die deutsch-sorbischen Gemeinden der sogenannten »Schleifer Region«, Teile des Kreises Hoyerswerda (evangelische Kirchgemeinden) sowie des Kreises Spremberg. Aus dieser Subregion wurden in der Komplexforschung 1987 die Gemeinden Trebendorf (Kreis Weißwasser) und Zeißig (Kreis Hoyerswerda) untersucht. Der mittlere Anteil an sorbischen Einwohnern liegt bei über 20 Prozent bis ca. 40 Prozent, in den beiden untersuchten Gemeinden lag er bei 30 Prozent. In dieser Region leben zwischen 11 000 und 12 000 sorbische Einwohner. Auch hier ist das nationale Selbstbewußtsein der Sorben teilweise instabil und weniger intensiv ausgeprägt, in der Beherrschung der sorbischen Sprache bestehen zwar günstigere Ausgangswerte als in den ersten beiden Subregionen - zwei Fünftel der Einwohner verstehen sorbisch -, aber in ihrer Anwendung im Alltagsleben sind gleiche Tendenzen festzustellen wie in SR I und SR II, wobei hinsichtlich der Sprachanwendung in den Betrieben und im sorbischen Bekanntenkreis deutlich geringere Werte erreicht werden (vgl. Tab. 5). Dies erklärt sich offensichtlich auch aus der Stadt- und Industrienähe der aus dieser Region untersuchten Gemeinden und der daraus resultierenden Struktur der Arbeitskollektive. Offensichtlich, hier wären detailliertere sprachsoziologische Untersuchungen erforderlich, sind aber bereits aus den festgestellten Daten auch Rückschlüsse hin-

Tab. 5
Anwendung der sorbischen Sprache nach Altersgruppen und Kommunikationsbereichen durch Sorben in Trebendorf und Zeißig (in Prozent gerundet, in Klammern absolut)

Altersgruppen	Kommunikationsbereich		
	Familie	Betrieb	sorbische Bekannte
bis 25 Jahre	14 (7)	5 (2)	5 (2)
bis 35 Jahre	7 (2)	7 (2)	7 (2)
bis 45 Jahre	11 (2)	5 (1)	39 (7)
bis 55 Jahre	21 (9)	11 (4)	40 (17)
bis 65 Jahre	35 (11)	18 (4)	61 (19)
über 65 Jahre	67 (20)	– (–)	80 (24)
Gesamt	26 (51)	8 (13)	37 (71)

sichtlich eines unzureichenden gesellschaftlichen Prestiges der sorbischen Sprache und eventuelle öffentliche Aversionen gegen das Sorbische wie auch auf unzureichende Wirksamkeit der Sprachpolitik zu ziehen. Im Verlaufe der letzten 110 Jahre ging der sorbischsprechende Bevölkerungsanteil von 96,6 Prozent (Muka 1885b S. 14) in Trebendorf und 97,6 Prozent (Muka 1885b S. 9) in Zeißig im Jahre 1880 auf 76,8 Prozent bzw. 67,3 Prozent 1956 (Tschernik 1956b) und jeweils 42 Prozent 1987 zurück. Wie auch zu Turnow liegen für Trebendorf keine Angaben zum Zustrom von Umsiedlern nach dem zweiten Weltkrieg vor. In Zeißig war deren Zahl mit 21 (das entsprach einem Anteil von 4,5 Prozent) deutlich geringer als in Malschwitz und auch in Rosenthal.

Hinsichtlich der Rolle der sorbischen Bräuche und Traditionen und der Rezeption sorbischer Kunst, Literatur und Medien besteht innerhalb der Region ein ausgeglichenes, hohes Niveau. Mitglied der Domowina waren 1989 mehr als 2 600 Einwohner von denen ca. 1 500 sorbische Sprachkenntnisse angaben (etwa 58,0 Prozent) (Datenbank Domowina 1989). Aufgrund des größeren Anteils an sorbischen Einwohnern ist auch der Anteil sorbischer Familien höher als in der ersten Subregion, es überwiegen aber dennoch gemischtnationale Familien.

Subregion IV bilden die sorbisch-deutschen Gemeinden im gemischtnationalen Teil des Kreises Kamenz und einige angrenzende Gemeinden in den Kreisen Bautzen und Hoyerswerda (katholische sorbische Lausitz). Zu dieser Region gehört die von uns in der Komplexuntersuchung 1987 erfaßte Gemeinde Rosenthal im Kreis Kamenz. In den Gemeinden der SR IV liegt der sorbische Bevölkerungsanteil bei weit über 50 Prozent und erreicht zum Teil 80 Prozent und mehr. In der ganzen Region lebt mit etwa 14 000 bis 15 000

Sorben ca. ein Drittel der sorbischen Bevölkerung. 1880 ermittelte Muka einen Anteil an sorbischsprachiger Bevölkerung von 94,1 Prozent (Muka 1886) in den Orten der jetzigen Gemeinde Rosenthal. Nach Tschernik (Tschernik 1956b) verfügten 1956 89,2 Prozent der Einwohner über sorbische Sprachkenntnisse. Entsprechend den von uns erhobenen Daten stieg dieser Anteil bis 1987 auf ca. 96,1 Prozent an. Dieser Anstieg gegenüber den Werten von 1956 erklärt sich vor allem aus zwei Aspekten. Rosenthal gehört zum Einzugsbereich einer sorbischen Schule (An sorbischen Schulen ist die generelle Unterrichts- und Schulsprache das Sorbische, lediglich in einigen naturwissenschaftlichen Fächern wird der Unterricht in Deutsch erteilt. Diese sorbischen Schulen werden im allgemeinen Sprachgebrauch als A-Schulen bezeichnet.), so daß alle Einwohner, die in dieser Region aufwuchsen, sorbische Sprachkenntnisse erwarben. Zum anderen sind die Werte aus dem Jahr 1956 noch stärker durch die Umsiedlungen der Nachkriegszeit geprägt. Im Zuge dieser Umsiedlungen kamen bis Anfang 1947 195 Deutsche in die Ortschaften der jetzigen Gemeinde Rosenthal, so daß der Anteil an sorbischen Einwohnern auf etwa 80 Prozent fiel (SKA D II/ 8.5. S.107f). Mit der Integration der Umsiedler in die dörfliche Gemeinschaft erwarben viele von ihnen, vor allem jedoch deren Nachkommen, nicht selten sorbische Sprachkenntnisse und gingen einige zur sorbischen Nationalität über.

Das nationale Selbstbewußtsein der Sorben dieser Region ist deutlich ausgeprägt, durch relativ intensiv wirkende kulturelle und sprachliche Komponenten geprägt und wird auch durch die spezifische religiöse Situation - weitgehend durch sorbische Katholiken gebildete Insel - gestützt. Die sorbische Sprache beherrschen alle Sorben, im Alltag spielt sie in einigen Bereichen (Familie, Bekanntenkreis, öffentliches Leben der Gemeinden, Gottesdienst) eine dominierende, in anderen Bereichen (Betrieb, Vereine) eine durchaus beachtliche und stabile Rolle (vgl. Tab. 6).

In der gesamten Subregion IV waren 1989 3 190 Einwohner Mitglied der Domowina, von diesen verfügten mehr als 96 Prozent (3 077) über sorbische Sprachkenntnisse (Datenbank Domowina 1989).

Der Anteil gemischtnationaler Ehen ist aufgrund des höheren sorbischen Bevölkerungsanteil, auch begünstigt durch die religiöse Abschirmung, verhältnismäßig gering.

Ethnische Prozesse und die Rezeption und das Funktionieren der sorbischen Kultur verlaufen in den hier kurz charakterisierten Subregionen differenziert, wobei Grundtendenzen, bedingt nicht zuletzt durch die einheitliche Nationalitätenpolitik und annähernd gleiche soziale Strukturen in allen vier Regionen, gleichartig wirken. Dies macht die Kenntnis der regionalen Besonderheiten jedoch nicht überflüssig. »Das geistig-kulturelle Leben ist eine solche spezifische Existenz- und Organisationsform sozialer Beziehungen, die vor allem über territorial gebundene kulturelle Bedürfnisse und über die Art und Weise ihrer Befriedigung Auskunft gibt« (Fiege 1984 S. 35). Diese von Fiege für das Kreisterritorium getroffene Feststellung trifft durchaus auch

Tab. 6
Anwendung der sorbischen Sprache nach Altersgruppen
und Kommunikationsbereichen durch Sorben in Rosenthal
(in Prozent gerundet)

Altersgruppen	Kommunikationsbereich		
	Familie	Betrieb	sorbische Bekannte
bis 25 Jahre	92	59	98
bis 35 Jahre	98	68	100
bis 45 Jahre	93	63	93
bis 55 Jahre	97	78	100
bis 65 Jahre	96	89	98
über 65 Jahre	91	93	91
Gesamt	95	71	98

für das deutsch-sorbische Gebiet und seine subregionale, administrativen Grenzen nicht folgende, Unterteilung zu. Nicht zuletzt hat die Einsicht in die differenzierten Bedingungen der Entwicklung der sorbischen Nationalität Bedeutung bei der weiteren Profilierung einer an den realen Interessen der Sorben orientierten demokratischen Nationalitätenpolitik.

Die Struktur der kulturellen Bedürfnisse wie auch die Rezeption der Kultur wird nicht unwesentlich von der Altersstruktur der sorbischen Bevölkerung beeinflußt. Während in der Komplexuntersuchung 1987 für die Gesamtheit der Respondenten eine dem realen demographischen Bild in der damaligen DDR entsprechende Altersstruktur festgestellt wurde, weist die Altersstruktur des sorbischen Teils der Befragten eine größere regionale Differenziertheit auf, was vor allem auf in unterschiedlichen Tempi verlaufende ethnische und demographische Prozesse zurückzuführen ist.

Den vorliegenden Untersuchungsergebnissen nach lassen sich drei Typen von Altersgruppierungen der sorbischen Bevölkerung bestimmen, die in ihrer territorialen Verteilung weitgehend, jedoch nicht vollständig, den Subregionen folgen (siehe Abb. 1).

Einen hohen Anteil an sorbischen Einwohnern in den jüngeren Altersgruppen weisen die Gemeinden Rosenthal (SR IV) und Trebendorf (SR III) auf. Die Altersstruktur der sorbischen Bevölkerung dieser beiden Gemeinden entspricht weitgehend dem normalen demographischen Bild, wobei bei den 30–40jährigen in Trebendorf ein »Einbruch« sichtbar ist, der zum überdurchschnittlichen Anteil an Sorben in der Gruppe der 45 bis 59jährigen beiträgt. Mit wachsendem Alter nimmt der Anteil der entsprechenden Einwohner allmählich ab.

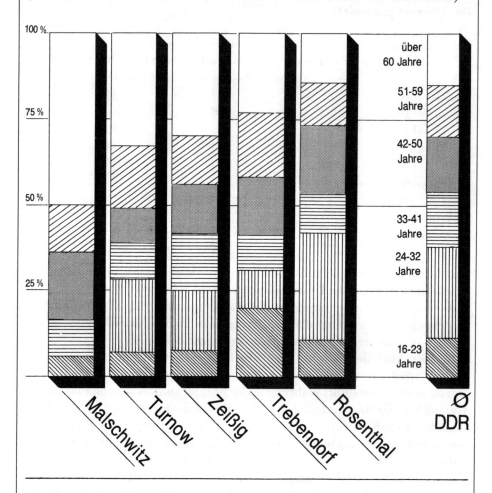

Abb. 1
Altersstruktur der sorbischen Einwohner der untersuchten Gemeinden (in Prozent zur Gesamtzahl der sorbischen Einwohner der Gemeinde)

Mittlere Anteile sorbischer Einwohner an der sorbischen Gesamteinwohnerschaft in den jüngeren Altersgruppen weisen Turnow (SR I) und Zeißig (SR III) auf, während die niedrigsten Anteile an Sorben in beiden Gemeinden bei den 36 bis 55jährigen zu finden sind. Den größten sorbischen Einwohneranteil weisen hier wie auch in Malschwitz (SR II) die Einwohner im Rentenalter auf.

Der durch Malschwitz (SR II) repräsentierte Typ der Altersgruppierung innerhalb der sorbischen Bevölkerung ist durch eine stetige und steile Zunahme des Anteils älterer Sorben an der gesamten sorbischen Einwohnerschaft gekennzeichnet. Nur 10 Prozent der Malschwitzer Sorben gehören den

Generationen bis 35 Jahren an, dagegen sind mehr als die Hälfte über 55 Jahre alt. Folgen der gewaltsamen Assimilierung vor 1945 und unzureichend differenzierte und wirksame Nationalitätenpolitik in der DDR haben sich hier schwerwiegend ausgewirkt und den Prozeß natürlicher Assimilation überlagert.

Mit der Komplexforschung 1987 liegen erstmals auch Angaben über die Zusammensetzung der Familien im ländlichen gemischtnationalen Gebiet vor (vgl. Tab. 7). Diesem Einflußfaktor auf die Entwicklung ethnischer und kultureller Prozesse wurde in der Vergangenheit offensichtlich zu wenig Aufmerksamkeit geschenkt, so daß keine Vergleichsmöglichkeiten bestehen und damit Trends dargelegt werden könnten. Bei einer sehr verallgemeinerten Analyse ergibt sich nachfolgendes Bild: Das Verhältnis von Einwohnern deutscher Nationalität zu den Sorben, welches mit zwei Drittel zu einem Drittel ermittelt wurde, reflektiert sich auch in der Struktur der Familien. In zwei Dritteln aller untersuchten Familien waren beide Partner Deutsche, in einem Drittel zumindest ein Partner Sorbe. Dabei betrug der Anteil an Familien in denen beide Ehepartner Sorben sind, 22 Prozent. Das sind 59 Prozent aller nicht rein deutschen Familien. Das ist bemerkenswert hoch, dem liegt jedoch das große sorbische Übergewicht in Rosenthal zugrunde.

Für die Bildung von gemischtnationalen Familien bestehen auf Grund der Tatsache, daß alle Sorben auch die deutsche Sprache beherrschen und in der Alltagskultur wie auch im sozialen Bereich keine »Barrieren« (weder bei Sorben noch bei Deutschen gibt es in größerem Maße Vorbehalte für eine Eheschließung mit einem Partner der jeweils anderen Nationalität) gegen solche Familien vorhanden sind, wie auch auf Grund der zahlenmäßigen Verhältnisse von deutschem zu sorbischen Bevölkerungsteil günstige Bedingungen. Weiterhin ist die Tatsache von Bedeutung, daß Kontakte von Deutschen und Sorben in allen Bereichen des gesellschaftlichen Lebens zur Selbstverständlichkeit gehören und somit keine wesentlichen hemmenden Einflüsse auf die Struktur der Familien ausüben. Bei der Komplexforschung

Tab. 7
**Nationale Struktur der Familien nach Gemeinden
(in Prozent, in Klammern - Anteile bei Befragten unter 45 Jahren)**

Region		Familienstruktur		
		Deutsch	Deutsch/Sorbisch	Sorbisch
Turnow	(SR I)	80,7 (87,1)	10,7 (9,9)	8,6 (3,0)
Malschwitz Trebendorf	(SR II)	84,3 (94,9)	8,7 (3,2)	7,0 (1,9)
Zeißig	(SR III)	59,5 (65,7)	22,1 (24,1)	18,4 (10,2)
Rosenthal	(SR IV)	5,0 (3,7)	17,0 (23,5)	78,0 (72,8)

Tab. 8
Nationale Struktur der Eltern-Familien nach Alter der Befragten (in Prozent)

Alter der Befragten	Familienstruktur im Elternhaus		
	Deutsch	Deutsch/Sorbisch	Sorbisch
über 45 Jahre	51,5	6,7	41,8
unter 45 Jahre	59,1	12,0	28,9

1987 nahmen lediglich 2,8 Prozent der Sorben und 1,7 Prozent der Deutschen zu Ehen zwischen Deutschen und Sorben eine eindeutig negative Position ein. Allerdings brachten 38 Prozent der Sorben zum Ausdruck, daß sie die Heirat mit einem Sorben oder mit einem Partner, der sorbisch versteht, bevorzugen würden.

Besondere Aufmerksamkeit verdient die gemischtnationale Familie nicht nur hinsichtlich ihrer Einflüsse auf das kulturelle Verhalten, sondern auch auf Grund der Tatsache, daß sie eine der wesentlichen Kanäle natürlicher Assimilation darstellt (Bromlej 1983 S. 255).

Vergleichen wir bezüglich solcher Familien die Elterngenerationen der Befragten (Tab. 8), so wird die Tatsache der gemischtnationalen Familie als Komponente der natürlichen Assimilation deutlich.

Daß sich die natürliche Assimilation nicht allein auf die nationale Identifikation beschränkt, belegt nicht zuletzt der Fakt, daß die Nutzung der sorbischen Sprache nicht adäquat der Familienstruktur erfolgt. So gibt es sowohl sorbische Familien mit allein deutscher Umgangssprache wie auch deutsche Familien, in denen auch sorbisch gesprochen wird (wenn auch deren Anteil sehr gering ist).

Darüber hinaus bewirkt die weitgehende einseitige aktive Zweisprachigkeit der Sorben, daß auch in der gemischten Familie nicht beide Sprachen gleichwertig Anwendung finden können und es deshalb durchaus von wesentlicher Bedeutung ist, welche Rolle die sorbische Kultur und die sorbische Sprache in der Öffentlichkeit spielt, sowie die allgemeine gesellschaftliche Atmosphäre gegenüber dem Sorbischen in der jeweiligen Region.

Als Bedingung der Rezeption sorbischer Kultur besitzt die gemischtnationale Familie sowohl einen stimulierenden Einfluß auf den deutschen Partner - sie rezipieren nachweislich wesentlich häufiger sorbische Kultur als Deutsche aus endogamen Familien - als auch einen hemmenden Einfluß auf den sorbischen Partner, wobei diese hemmenden Einflüsse geringer ausgeprägt sind, als die oben genannte stimulierende Wirkung (vgl. Elle 1988).

Der Platz der sorbischen künstlerischen Kultur im kulturellen Leben der Sorben. Generelle Tendenzen

Untersuchungen zur Rezeption der Kultur kleiner assoziierter Völker zu betreiben, bedeutet auch, zu ermitteln, in welchem Maße die Kulturrezeption zur Realisierung der Identitätsfindung bei den Angehörigen dieser nationalen Gemeinschaften tatsächlich beizutragen vermag. Prämisse dabei ist, daß es ein Mindestmaß an Rezeption geben muß, um nationale Identität zu erhalten. Erhaltung, Reproduktion und Weitergabe nationaler Identität ist ohne entsprechende kulturelle Faktoren nicht möglich.

Kulturrezeption kann sich unter modernen Bedingungen einer hochindustrialisierten Gesellschaft nicht auf die quantitativ begrenzte Kultur der assoziierten Gemeinschaft - die in »reiner Form« so und so nicht existiert - beschränken. In der Rezeption anderer Kulturen, vor allem jedoch der der assoziierenden Nation durch Angehörige kleiner nationaler Gemeinschaften, sind aber Unterschiede zu den Angehörigen der großen Nationen festzustellen. Diese Unterschiede bestehen quantitativ darin, daß mehr kulturelle Leistungen der anderen (vor allem Nachbarkulturen) als der eigenen Kultur bzw. kulturelle Leistungen in der anderen und nicht in der eigenen Sprache rezipiert werden. Des weiteren bestehen nachfolgende qualitative Unterschiede:
- Bestimmte kulturelle Leistungen werden bzw. können nur aus der Nachbarkultur rezipiert werden, da sie in der eigenen nicht vorhanden sind.
- Da die Angehörigen assoziierter nationaler Gemeinschaften im allgemeinen zweisprachig sind (dies trifft bekanntlich für die Sorben vollständig zu), rezipieren sie im allgemeinen mehr originalsprachige Angebote der Nachbarkultur und haben sie größere Auswahlmöglichkeiten, als die oft einsprachigen Angehörigen der assoziierenden Nation, die bei der Rezeption der kleinen Kultur auf Übersetzungen angewiesen sind. Dies beeinflußt auch den Platz bestimmter kultureller Leistungen im Gesamtgefüge der individuellen Wertvorstellungen und in den Vorstellungen über die nationalen Werte der assoziierten Gemeinschaft.
- Wird ein vorhandener kultureller Niveauanspruch durch die eigene Kultur nicht erfüllt, ist ein Ausweichen auf entsprechende Leistungen der anderen Kultur relativ leichter und oft unvermeidlich. Dies wirkt vor allem in Bereichen der Massenkultur (Unterhaltung, Medien, Information), die einem schnellen Verschleiß (bei relativ hohen, für kleine Gemeinschaften nicht realisierbaren Aufwendungen) unterliegt.

Der Umstand, daß die Sorben, auch in stabilen Subgemeinschaften (sorbisch-endogame Familien, Dörfer mit sehr hohem sorbischen Bevölkerungsanteil) in größerem Umfang deutsche als sorbische Kultur rezipieren, verschärft die Frage nach der realen und realisierbaren Funktion der sorbischen Kultur weiter. Wie kann die Kultur einer assoziierten Gemeinschaft gegen die »Übermacht« bestehen und die nationale Identität erhalten und reproduzieren? Bei durchaus vorhandener Rezeption sorbischer Kultur durch Deutsche, bei durchaus gewährter staatlicher Förderung der sorbischen Sprache und Kultur führt die durchgängige Zweisprachigkeit der Sorben dazu, daß seitens der Deutschen im Alltagsleben kaum Entgegenkommen hinsichtlich der Kommunikation erforderlich ist, während die sorbischen Bürger alltäglich auf juristisch gegebene Möglichkeiten der Anwendung der sorbischen Sprache freiwillig verzichten. Hierbei bestehen durchaus auch noch zahlreiche ungelöste Probleme bzw. neue Aspekte bei der Gestaltung der Sprachenpolitik im deutsch-sorbischen Gebiet. Zu Recht wird u. a. von Kasper und Koreng das spezifische Interesse der Sorben an der Erhaltung und Entwicklung ihrer Sprache betont (vgl. Kasper 1988b) (vgl. Korjeńk 1986). In einer der wenigen Publikationen, die in der DDR zur Sprachpolitik gegenüber den Sorben erschienen sind, warf Kasper ausgehend von der Sprachsituation der Sorben Mitte der 1980er Jahre solche Fragen auf wie: »Gehört in unserer Praxis die Sprachpolitik zur Nationalitätenpolitik? Was ist unter öffentlicher Zweisprachigkeit zu verstehen? Gehören dazu nur Aufschriften oder auch ein bestimmter Grad der Anwendung der sorbischen Sprache in der Öffentlichkeit? Wieviel Kenntnisse der sorbischen Sprache können und müssen erwartet werden?« (Kasper 1988b S. 146) Demgegenüber charakterisierte Schiller solche Auffassungen, wie »jeder Sorbe müsse vorwiegend sorbisch sprechen, seine Kinder unbedingt in sorbischer Sprache erziehen, in sorbische Schulen schicken...« als »national beschränkte Anschauungen« (Schiller 1985 S. 28).

Kulturelle Bedürfnisse werden unter den Bedingungen einer pluralistischen auf sozialen Ausgleich ausgerichteten Gesellschaft und im Einfluß des wissenschaftlich-technischen Fortschritts differenzierter und mannigfaltiger. Dies trifft selbstverständlich auch auf die kulturellen Bedürfnisse der sorbischen Menschen zu. Modifizierungen der kulturellen Bedürfnisse der Sorben als Ausdruck besonderer nationaler Wertorientierungen und Interessen treten vor allem in folgender Weise auf:
1. Als Ausprägung besonderer, nur aus der nationalen Situation des sorbischen Volkes erklärbarer kultureller Bedürfnisse. Es handelt sich hier um Bedürfnisse, die entweder auf diese konkrete Art oder auf dieser sozial- und ethnopsychologischen Grundlage in anderen Nationalitäten nicht auftreten.
2. Als Modifikation vorhandener, allgemeiner kultureller Bedürfnisse. D. h. kulturelle Bedürfnisse, die auch unter den Angehörigen der deutschen Nationalität vorhanden sind, werden durch konkrete nationale Aspekte beeinflußt. Wesentlicher Einflußfaktor ist hierbei oftmals die sorbische Sprache.

Zur Gruppe der besonderen, weite Bereiche des geistigen Lebens beeinflussenden Kulturbedürfnissen der Sorben gehören:
- Bedürfnisse nach Rezeption von sorbischer Kunst und Literatur
- Bedürfnisse nach Pflege von sorbischen Bräuchen, Sitten und Traditionen als Ausdruck nationaler Identität
- Bedürfnisse nach allseitiger Achtung und Berücksichtigung der besonderen sprachlichen Interessen der Sorben
- Bedürfnisse nach von Achtung, Toleranz und Unterstützung getragenen Beziehungen zwischen den Menschen beider Nationalitäten
- Bedürfnisse nach Realisierung einer auf die Berücksichtigung der nationalen Interessen und den Erhalt der Gemeinschaft gerichteten demokratischen Nationalitätenpolitik

Modifikationen der Erscheinungsweise kultureller Bedürfnisse resultieren auch daraus, daß sie durch die ethnische Zugehörigkeit wohl nicht in ihrer inneren Struktur, so doch in ihrer konkreten Erscheinungsweise beeinflußt sein können. Hierzu zählen vor allem Einflüsse, die sich aus der Anwendung der sorbischen Sprache ergeben, Wirkungen des Anknüpfens an besondere historische Erfahrungen und daraus resultierenden Wertvorstellungen unter den Sorben, Einflüsse aus der spezifischen Rolle der Nationalitätenpolitik im geistig-kulturellen und politischen Leben des gemischtnationalen Gebietes, Resultate aus dem politischen wie kulturellem Wirken der nationalen Organisationen und Vereine wie auch Impulse aus der sorbisch-deutschen und sorbisch-slawischen kulturellen Wechselseitigkeit. Dazu gehören auch die modifizierenden Momente der Religiosität, die Verknüpfung von nationaler und religiöser Identität in durchaus großen Teilen der sorbischen Volksgruppe.

Ferner modifizieren auch spezifische existentielle Interessen der assoziierten nationalen Gemeinschaft kulturelle Bedürfnisse. So resultiert das sich in der sorbischen geistigen Kultur in den letzten Jahren etablierte Umweltbewußtsein sowohl aus der allgemein gestiegenen Sensibilität gegenüber den Gefährdungen der natürlichen Umwelt als auch aus den aus diesen Gefährdungen sich ergebenden Problemen für die nationale und kulturelle Identität der Sorben. Dies ist die Grundlage für das Engagement des sorbischen Schriftstellers Jurij Koch für eine umweltgerechte, sozialverträgliche und zugleich die ethnische Substanz nicht zerstörende Braunkohle- und Energiepolitik in der Lausitz.

Im Bereich der sorbischen Kunst und Literatur stand zur Zeit der Erhebung ein qualitativ relativ vielseitiges, jedoch quantitativ geringes und ungleichmäßig verteiltes Angebot zur Verfügung, welches durchaus geeignet war, spezifische und differenzierte kulturell-künstlerische Bedürfnisse der sorbischen Bevölkerung wie auch der an der sorbischen Kultur interessierten deutschen Mitbürger zu befriedigen. Besondere Bedeutung kam der Rezeption der sorbischen Kunst und Literatur deshalb zu, weil sich Potenzen der ethnointegrierenden und ethnoidentifizierenden Funktionen der sorbischen Kultur in zunehmenden Maße auf diesen Bereich konzentrierten. So war das nationale Selbstbewußtsein von Sorben, die sorbische künstlerische Kultur in hoher Intensität rezipierten, in der Regel mannigfaltiger und deutlich stärker ausgeprägt. Dies traf besonders auf sorbische Einwohner in den Territorien der Lausitz zu, in denen die sorbische Sprache und Kultur im Alltag eine geringe Rolle spielte.

Gemäß der Struktur des kulturellen Angebotes umfaßte die Rezeption der sorbischen Kunst und Literatur vor allem den Besuch ausgewählter sorbischer Kulturveranstaltungen wie der Herbstkonzerte der Domowina und der Programme des Staatlichen Ensembles für sorbische Volkskultur (heute: Sorbisches Nationalensemble) zur Vogelhochzeit bzw. zum Zapust, den gelegentlichen Besuch von Ausstellungen in Museen und von sorbischen Künstlern, die Rezeption sorbischer Theatervorstellungen und das Lesen sorbischer Belletristik. Empfangen wurden des weiteren literarische und musikalische Sendungen des sorbischen Rundfunks und gelegentlich wurden in den Domowina-Ortsgruppen sorbische Filme (Dokumentar- und Kurzfilme und Videoaufzeichnungen) gesehen. Diese Aufzählung weist allerdings bereits darauf hin, daß sorbische Kunst und Literatur eigentlich nur bedingt als Bestandteil potentieller bzw. realer Alltagskultur betrachtet werden konnte. Im Gegensatz zu Kunst und Literatur eines großen Volkes war es dem einzelnen nicht möglich, ein von äußeren Faktoren weitgehend unabhängiges und vielseitiges Rezeptionsverhalten zu entwickeln. Ihm waren sowohl seitens der Angebotspalette als auch seitens der Rezeptionsformen Schranken gesetzt. Darüber hinaus waren im Angebot sorbischer künstlerischer Kultur zum Teil erhebliche territoriale Disproportionen festzustellen, so daß auch nicht immer in ausreichendem Maße den realen kulturellen und sprachlichen Potentialen des Territoriums sowie daraus resultierenden Kulturbedürfnissen einzelner national bewußter und kulturell stärker interessierter Sorben entsprochen werden konnte. Diese Differenzen beeinträchtigten in einigen Regionen aber auch die stimulierende Wirkung des Kulturangebotes auf die Ausbildung kultureller Bedürfnisse und damit die Wirksamkeit der Kultur als identitätsentwickelndes Moment. Dies traf vor allem auf die gemischtnationale Niederlausitz zu (vgl. Elle 1989c) (vgl. Sorbisches Kulturangebot 1987). Dagegen bestanden diese Probleme in den Kreisen Bautzen und Kamenz weniger bzw. nicht. Daher lag die Intensität der Rezeption sorbischer Kultur beispielsweise in Malschwitz (Subregion II) in den meisten Fällen über dem Wert der Gemeinden Turnow, Trebendorf und Zeißig (Subregionen I und III), obwohl in Malschwitz der relativ und absolut geringste Anteil an Sorben ermittelt wurde. Mit anderen Worten, das nationale Selbstbewußtsein der Sorben in einigen Regionen konstituierte sich aus weniger intensiver Rezeption der sorbischen professionellen Kultur. Das führte aber zum verstärkten Überwechseln auf deutsche Kulturangebote. Dies verringerte dann den Stellenwert der sorbischen Kultur im individuellen Wertgefüge weiter und verminderte letztlich Bedürfnisse nach sorbischer Kultur.

Zur generellen Beurteilung der Rolle der sorbischen Kultur im geistig-kulturellen Leben der Sorben wurde ein Index der Intensität der Teilnahme am sorbischen Kulturleben »K« gebildet, der die in der Komplexforschung 1987 ermittelten hauptsächlichen Formen der Rezeption sorbischer Kultur zusammenfaßt und in einer vierstufigen Skala wiedergibt (vgl. Tab. 9).

Die in Tabelle 9 dargestellten Daten bestätigen deutlich die genannte Problematik der Disproportionen im kulturellen Angebot. Während die nationale Zusammensetzung der Bevölkerung von Malschwitz mit derjenigen von Turnow vergleichbar war, wies Malschwitz doch eine wesentlich höhere durchschnittliche Intensität der Teilnahme am sorbischen Kulturleben auf, die sich sowohl aus den Traditionen der sorbischen Kultur in Malschwitz, als auch aus der territorial günstigeren Lage und der damit verbundenen Tatsache, daß das obersorbische Kulturangebot bei weitem vielfältiger als das niedersorbische war, erklären läßt.

Dagegen stimmten die Strukturen der Teilnahme am Kulturleben in Trebendorf und Zeißig, die sowohl in der nationalen Struktur der Bevölkerung als auch hinsichtlich sorbischer kultureller Traditionen und den territorialen Möglichkeiten annähernd gleiche Voraussetzungen hatten, überein.

Generell wurde für die vier Gemeinden der Subregionen I, II und III sichtbar, daß ein durchaus beträchtlicher Teil der Sorben nur in geringem Maße am nationalen Kulturleben teilnahm. Damit war allerdings die Funktionalität der sorbischen Kultur deutlich eingeschränkt und wurden Erscheinungen kultureller Assimilation wirksam. Dieser Tendenz entsprach auch das vorhandene, allerdings relativ wenig ausgeprägte bikulturelle Verhalten deutscher Befragter. Im Gegensatz zur deutschen Kultur, die über die Medien, die Alltagskultur und ein breitgefächertes künstlerisch-kulturelles Angebot auch jeden Sorben erreichte, erforderte die Rezeption der sorbischen Kunst und Literatur eine bewußte Einstellung zu ihr, mußte sie in den individuellen Wertestrukturen einen relativ stabilen Platz besitzen, was den ermittelten Daten nach für ein Viertel bis ein Drittel der sorbischen Bewohner gemischtnationaler Teile der Lausitz nicht zutraf. Die Situation in Rosenthal unterschied sich davon, da die sorbische Kultur und Sprache dort als tatsächliche Alltagskultur eine weitaus größere Repräsentanz aufwies und so beispielsweise zu wesentlich besseren Sprachkenntnissen beitragen und auf solche aufbauen konnte, als in den anderen Regionen. Darüber hinaus befördert die religiöse Insellage und die weitgehende Übereinstimmung von Nationalität und religiösem Bekenntnis die Integrationskraft der sorbischen Kultur. Die im zweiten Teil der Tabelle 9 angegebenen Werte für die deutschen Einwohner der untersuchten Gemeinden belegen vor allem den qualitativen Unterschied zwischen dem Bikulturismus der Sorben und den relativ geringen Bindungen der Deutschen im gemischtnationalen Gebiet an die sorbische Kultur. Im einzelnen wird auf einige Aspekte dieser Problematik im Abschnitt »Zur Rezeption sorbischer Kultur durch deutsche Einwohner des gemischtnationalen Gebietes« eingegangen.

Tab. 9
Intensität der Teilnahme am sorbischen Kulturleben durch Bürger sorbischer und deutscher Nationalität
(in Prozent zur Gesamtzahl befragter sorbischer bzw. deutscher Einwohner)

Sorben

Gemeinde	K			
	3	2	1	0
	intensive	mittlere	geringe	keine
	Teilnahme am sorbischen Kulturleben			
Malschwitz	35,4	27,1	31,3	6,2
Rosenthal	63,6	29,6	6,8	0
Trebendorf	12,9	30,7	47,5	8,9
Turnow	14,6	10,9	63,6	10,9
Zeißig	19,0	22,6	51,2	7,2
Gesamt	44,0	27,2	25,2	3,6

Deutsche

Gemeinde	K			
	3	2	1	0
	intensive	mittlere	geringe	keine
	Teilnahme am sorbischen Kulturleben			
Malschwitz	2,0	7,6	53,7	36,7
Rosenthal	18,9	34,0	41,5	5,6
Trebendorf	1,7	8,8	54,5	35,0
Turnow	0,6	5,1	54,9	39,4
Zeißig	3,4	11,3	58,8	26,5
Gesamt	2,5	8,9	54,5	34,1

Hinsichtlich der altersmäßigen Struktur der Teilnahme am sorbischen Kulturleben zeigten sich in den Gemeinden der Subregionen I bis III im Gegensatz zu Rosenthal (Subregion IV), wo in allen Altersgruppen eine gleich hohe Teilnahme am sorbischen Kulturleben festzustellen war, zwischen den Altersgruppen größere Unterschiede. Sie können auf Grund der geringen Gesamtzahl sorbischer Befragter betreffenden Alters in diesen Gemeinden nur grob dargelegt werden. So reichte der Anteil von Befragten mit K < 2 von weniger als zwei am Kulturleben Beteiligenden von 33,3 Prozent in Malschwitz über 46,2 Prozent in Trebendorf und Zeißig bis zu 85,7 Prozent in Turnow.

Entsprechend differenziert war auch die Quote derer, die sich mit mittlerer und hoher Intensität am Kulturleben beteiligten. Sie betrug in Malschwitz 66,6 Prozent, in Trebendorf und Zeißig zusammen 53,9 Prozent und in Turnow lediglich 14,3 Prozent der sorbischen Befragten. Die Ursachen lagen in den bereits dargelegten unterschiedlichen historischen kulturellen Traditionen in den Regionen. Zu bemerken ist, daß innerhalb dieser großen Altersgruppe bei den 36 bis 45jährigen ein K=0 in keiner der untersuchten Gemeinden auftrat. Während in der Altersgruppe aller über 45jährigen in Turnow der Anteil der nicht am sorbischen Kulturleben teilnehmenden Befragten leicht zurückgegangen war und 70,6 Prozent betrug, war für die drei Gemeinden der beiden anderen Regionen ein deutlicher Anstieg zu vermerken, der sich nicht nur aus der Altersstruktur begründen läßt, jedoch noch unter den Turnower Werten lag. So wiesen in Malschwitz 41,6 Prozent und in Trebendorf/Zeißig 64,8 Prozent der sorbischen Befragten ein K<2 auf. Das hierbei nicht primär aus der Tatsache, daß sich in dieser zweiten großen Altersgruppe auch die Rentner befanden, geschlossen werden darf, wird allein daran deutlich, daß Malschwitz unter den Sorben den höchsten Rentneranteil besaß.

Zur Bewertung der Intensität der Nutzung des sorbischen kulturellen Angebotes in den gemischtnationalen Städten wurden Materialien des ehemaligen Bundesvorstandes der Domowina, Sekretariat für Kultur, die im Herbst 1987 in 50 Ortsgruppen, darunter in den Städten Bautzen, Hoyerswerda, Cottbus, Lübbenau und Wittichenau, erhoben wurden, ausgewertet. Diese Daten betrafen allerdings nur die kulturellen Aktivitäten, die in irgendeiner Weise durch die jeweiligen Gruppen oder Kreisverbände der Domowina ausgestaltet bzw. gefördert wurden. Sie bestätigten den wechselseitigen Zusammenhang, der zwischen dem sorbischen Kulturangebot im jeweiligen Territorium und der Intensität seiner Nutzung bestand, auch für die Städte. Als entscheidender Faktor der Rezeption sorbischer Kultur in den Städten erwiesen sich wiederum die Domowinagruppen, die Vorführungen sorbischer Filme und Videos, Gespräche, Lesungen, Theater- und Konzertbesuche organisierten. So konnte festgestellt werden, daß ca. 50 Prozent der Domowinamitglieder in Städten mehr oder weniger regelmäßig sorbische Kulturveranstaltungen besuchten.

Über die individuelle Rezeption sorbischer Kultur in den Städten waren Angaben nur aus den auf einzelne Interessierte ausgerichteten Aktivitäten der Domowina ableitbar, da eine Bevölkerungsbefragung in den Städten auf Grund des sehr geringen sorbischen Bevölkerungsanteils nicht möglich war. Festgestellt werden konnte dabei, daß das entsprechende Rezeptionsverhalten den Trends, die in der Komplexuntersuchung 1987 ermittelt wurden, entsprach bzw. nahekam. Von 18 Prozent der Domowinamitglieder in den Dörfern wurden sorbische Bücher über den Freundeskreis des sorbischen Buches erworben, in den Städten lag der Anteil bei 15 Prozent. Aus dieser Sicht sind die im weiteren interpretierten Tendenzen für die Dörfer durchaus

Tab. 10
Intensität der Teilnahme am sorbischen Kulturleben nach sozialen Gruppen (in Prozent zur Gesamtzahl der sorbischen Befragten)

K	3	2	1	0
Arbeiter	37,8	30,2	27,3	4,7
Angestellte	59,8	21,8	17,6	0,8
Bauern	51,6	34,4	14,0	0
Selbständige	57,1	14,3	28,6	0
Rentner	32,1	18,8	40,2	8,9
Sonstige	47,4	29,8	21,1	1,7
Gesamt	43,9	27,0	25,4	3,7

auch als Annäherungswerte für die meisten Sorben in den Städten geeignet. Betrachten wir die Intensität der Teilnahme am sorbischen Kulturleben nach der sozialstrukturellen Gliederung der sorbischen Bevölkerung, so kann festgestellt werden, daß die sorbischen Bauern mit 86,0 Prozent K>1 die höchsten Werte aufwiesen, gefolgt von den Angestellten mit 81,5 Prozent. Letztere erreichten allerdings bei K=3 die höchsten Ergebnisse. Unter der Rubrik Sonstige wurden auch die Studenten und Schüler erfaßt. Sie waren offensichtlich maßgeblich daran beteiligt, daß in dieser Gruppe gleichfalls mit 77,2 Prozent ein überdurchschnittlicher Wert erreicht wurde. Demgegenüber war bei den sorbischen Arbeitern ein deutlich geringeres Interesse am sorbischen Kulturleben festzustellen. K>1 wurde bei 68,0 Prozent der Befragten ermittelt.

Aus einem Vergleich von Tabelle 9 und Tabelle 10 wird auch ersichtlich, daß - erwartungsgemäß - die Berufstätigen durchschnittlich eine größere kulturelle Aktivität aufwiesen, als die sorbische Gesamtbevölkerung. Die Unterschiede zwischen Arbeitern einerseits und Bauern und Angestellten andererseits hatten offensichtlich mehrere, differenzierte Ursachen, die im einzelnen nicht genauer abgeklärt werden konnten, da vergleichbare Daten zum kulturellen Alltag deutscher Arbeiter, Bauern und Angestellter nicht vorlagen. Aus den von uns ermittelten Angaben ist jedoch abzuleiten, daß solche Faktoren wie die Organisiertheit in der Domowina, die nationale Zusammensetzung des Bekanntenkreises und der Arbeitskollektive ebensowenig maßgeblich die kulturelle Intensität beeinflußten, wie die Zusammensetzung der Familien oder geschlechtsspezifische Faktoren. Bei all diesen Faktoren wiesen die Kennziffern für die sorbischen Arbeiter keine signifikanten Abweichungen von den Werten bei Bauern oder Angestellten auf, die als Erklärung für die unterschiedliche Rezeptionsintensität hinzugezogen werden könnten. Hinsichtlich der durch unseren Koeffizienten K erfaßten kulturellen Betätigungen ergab sich allerdings, daß Arbeiter in allen in Frage kommenden Formen gegenüber den Angestellten bedeutsame Rückstände aufwiesen. An erster Stelle standen dabei 37,6 Prozent weniger sorbische Arbeiter, die Ausstellungen sorbischer Künstler besuchten, 27,4 Prozent weniger Leser sorbischer Bücher, 12,3 Prozent weniger Leser sorbischer Zeitungen/Zeitschriften und 11,2 Prozent weniger Besucher sorbischer Kulturveranstaltungen. Gegenüber den Bauern sind die Rückstände nicht so groß. Sie betragen 16,2 Prozent beim Lesen sorbischer Bücher und 15,2 Prozent bei der Rezeption der sorbischen Presse. Gegenüber den Bauern besuchten Arbeiter zu 10,7 Prozent weniger sorbische Ausstellungen und empfingen 9,3 Prozent weniger sorbische Rundfunksendungen. Allerdings waren im Vergleich mit den Bauern etwa 2,6 Prozent mehr Arbeiter Besucher sorbischer kultureller Veranstaltungen. Obgleich festgestellt werden konnte, daß sorbische Mitglieder in den Arbeitskollektiven positiven Einfluß auf die deutschen Werktätigen ausübten, sorbische kulturelle Angebote zu rezipieren (vgl. Elle 1987), so war jedoch zu konstatieren, daß umgekehrt auch Einflüsse auf die sorbischen Werktätigen (unabhängig von ihrer sozialen Zugehörigkeit) einwirkten, die der Ausbildung und Befriedigung von Bedürfnissen nach sorbischer Kultur offensichtlich entgegenstanden. Von sorbischen Berufstätigen, die vorwiegend mit deutschen Mitarbeitern tätig waren, wiesen 39,9 Prozent eine geringe oder keine Teilnahme am sorbischen Kulturleben auf. Demgegenüber waren es bei Sorben aus Arbeitskollektiven mit annähernd gleichem Anteil sorbischer und deutscher Mitarbeiter 27,7 Prozent und in Arbeitskollektiven mit überwiegend sorbischen Beschäftigten lediglich 5,2 Prozent der betreffenden Befragten. Obgleich die nationale Zusammensetzung der Arbeitskollektive keinesfalls überbewertet werden soll, so sind doch diese erheblichen Unterschiede als Ausdruck differenzierter und durchaus nicht immer problemloser nationaler Beziehungen anzusehen.

Rezeption sorbischer sprachgebundener Kunst und Literatur

Nachdem im vorangegangenen Abschnitt die Rezeption sorbischer Kunst und Literatur anhand der Intensität der Teilnahme am sorbischen kulturellen Leben verallgemeinert und in seinen sozialstrukturellen Grundtendenzen eingeschätzt wurde, sollen nun Aspekte der Rezeption sorbischer Literatur und Kunst ausgewertet werden. Dabei ist vor allem auf das Lesen sorbischer Belletristik sowie den Besuch sorbischer Theateraufführungen einzugehen.

Die Rezeption ihrer Literatur stellt für Angehörige einer kleinen Sprachgemeinschaft eine besonders wirksame Komponente ihrer ethnischen Identität dar, die nicht ohne weiteres durch andere Formen kultureller Betätigung ersetzt werden kann. Unter den Bedingungen der Bikulturalität und der Dominanz der Sprache der großen Nation in allen Lebensbereichen kommt in der Bewertung der relativen Leistungskraft der Kleinsprache dem Schrifttum besondere Bedeutung zu. »Ein wichtiges Element der soziokulturellen Leistungskraft einer Sprache ist das in ihr verfaßte Schrifttum...« (Haarmann 1979 S. 355). Die Literaturrezeption hat damit maßgeblichen Einfluß sowohl auf die Rezeption auch anderer Bereiche der sorbischen Kultur wie auch auf die Ausprägung der sorbischen nationalen Identität. Des weiteren kann das sorbische Literaturangebot durchaus als breit genug bewertet werden, den differenzierten Lesebedürfnissen der verschiedensten Alters- und Berufsgruppen gerecht zu werden. Demgegenüber wird die Rezeption anderer Bereiche der sorbischen künstlerischen Kultur in bestimmten Maße auch durch Defizite und Disproportionen im Kulturangebot verzerrt.

Dem Ausbaustatus einer Sprache legte Kloss nachfolgende Differenzierung zugrunde:

»Anwendungsbereiche
V - volkstümliche Prosa (Grundschulniveau)
G - gehobene Prosa (Niveau der höheren Schulausbildung)
W - wissenschaftliche Prosa (Hochschulniveau)«

»Entfaltungsstufen
E - eigenbezogene Thematik (Themen aus dem eigenen Lebensbereich der Sprachgemeinschaft)

Abb. 2
Ausbauqualität der sorbischen Sprache

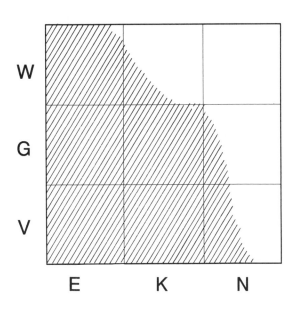

K - kulturkundliche Thematik (Themen aus geistes- und sozialwissenschaftlichen Bereichen)
N - naturwissenschaftliche Thematik (Themen aus naturwissenschaftlichen sowie technisch-technologischen Bereichen)« (zit. nach Haarmann 1979 S.334).
Dargestellt in einem Raster ergibt sich für die sorbische Sprache das folgende Bild (Abb. 2).
Wenn im nachfolgenden die Rezeption sorbischer Bücher unter dem Aspekt ihrer ethnokulturellen Funktionalität untersucht werden soll, so bedeutet dies durchaus nicht, daß ignoriert wird, daß ein Teil der sorbischen Literatur auch durch Zeitungen und Zeitschriften an das Publikum herangetragen wird. In der sorbischen Kulturlandschaft betraf dies zum Zeitpunkt der Untersuchung vor allem die Wochenendbeilage »Předźenak« der Tageszeitung »Nowa Doba« und die Monatsbeilage »Cytaj a roscoš« der Wochenzeitschrift »Nowy Casnik«, die Kulturzeitschrift der Domowina »Rozhlad« sowie die beiden religiösen Zeitschriften »Katolski Posoł« und »Pomhaj Bóh«. Auf die Rezeption der Medien wird aber im Abschnitt »Massenmedien als Komponente sorbischer Kultur« gesondert eingegangen.

Ausgangspunkt für alle weiteren Betrachtungen soll zunächst eine Einschätzung des realen Sprach- und vor allem Lesevermögens der befragten Sorben sein (vgl. dazu auch Elle 1992b). Nicht alle Sorben hatten bzw. nutzten die Möglichkeit, sich im ersten Bildungsgang oder auf Sonderbildungswegen die sorbische Sprache in Wort und Schrift anzueignen. Gegenüber

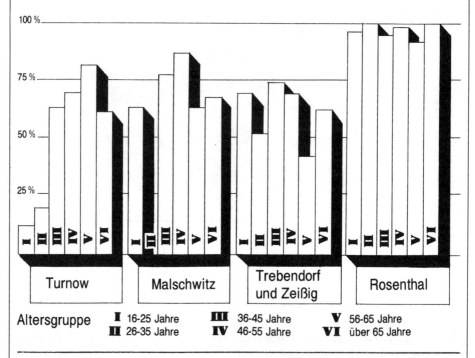

Abb. 3
Lesevermögen nach Altersgruppen in den untersuchten Gemeinden (in Prozent)

einem Anteil von 94 Prozent Sorben, die die sorbische Sprache verstanden, gaben nur 84 Prozent aller befragten Sorben an, über gutes bzw. elementares Lesevermögen zu verfügen, wobei der Anteil an Sorben mit gutem Lesevermögen bei 61 Prozent lag. Diese generelle Situation unterlag entsprechend den weiter oben dargelegten Gründen einer ausgeprägten territorialen Differenziertheit. Dabei waren außerhalb von Rosenthal zwei territoriale Untergruppen festzustellen: Im obersorbischen Sprachraum der Ober- und mittleren Lausitz verfügten ca. 62 Prozent bis ca. 72 Prozent der Sorben über sorbische Lesekenntnisse, in der Niederlausitz waren es dagegen nur wenig über 50 Prozent der Sorben, die die niedersorbische Sprache zu lesen vermochten.

Gehen wir vom für das Lesen sorbischer Bücher erforderlichen guten Lesevermögen aus, so besaßen etwa 54 Prozent der Sorben in der Oberlausitz die entsprechenden Voraussetzungen, während sich dieser Anteil in der mittleren und in der Niederlausitz auf nur ca. 27 Prozent bis 38 Prozent belief. Abb. 3 stellt das Lesevermögen in den vier untersuchten Subregionen gegliedert nach der Altersstruktur dar.

An dieser Stelle ist es nicht möglich, die vielfältigen Ursachen für die hier skizzierte Situation darzulegen (vgl. Elle 1990c). Für die Bewertung der ethnokulturellen Funktion des sorbischen Buches sind nachfolgende Fakten von Bedeutung:

1. Der relativ höhere Anteil an Lesefähigen (zumeist jedoch mit weniger gutem Lesevermögen!) in der Altersgruppe bis 25 Jahre ist offensichtlich auch auf die noch relativ frischen Schulkenntnisse zurückzuführen (Lesekenntnisse gab offensichtlich nur an, wer sich am Sorbischunterricht beteiligt hatte). Beachtet werden muß aber auch die relativ kleine absolute Zahl von Sorben in dieser Altersgruppe von insgesamt lediglich 39 Personen. Offensichtlich ist damit zu rechnen, daß die Zahl der Lesefähigen aus dieser Altersgruppe sich noch weiter reduzieren und sich dem Stand der 25 bis 35jährigen annähern oder diesen gar noch unterschreiten wird.
2. Für die untersuchten Gemeinden der Subregionen I, II und III waren durchaus hohe und zwischen den betreffenden Gemeinden relativ ausgeglichene Lesefähigkeiten bei Sorben zwischen 36 und 55 Jahren festzustellen. Es handelte sich um Personen, die nach Ende des zweiten Weltkrieges bis zur ersten Hälfte der 60er Jahre die Schule besuchten und sich am Sorbischunterricht beteiligten. Bekanntlich wurden Anfang der 60er Jahre einschneidende und umstrittene schulpolitische Neuregelungen des Sorbischunterrichts wirksam (7. Durchführungsbestimmung zum Gesetz über die sozialistische Schule), die offensichtlich auch die Zunahme von Erscheinungen nichtnatürlicher Assimilation begünstigten.
3. In der oberen Altersgruppe war zwischen den untersuchten gemischtnationalen Gemeinden der Subregionen I, II und III eine deutlich größere Differenziertheit festzustellen und generell nahm die Lesefähigkeit gegenüber den vorherigen Altersgruppen (bis auf Trebendorf) ab. Über die komplizierten und nicht im Interesse der Sorben liegenden Schulverhältnisse, unter denen die Befragten dieses Alters ihre Sorbischkenntnisse erwerben mußten, sollten uns die dennoch insgesamt relativ günstigen Daten nicht hinwegtäuschen. Einen maßgeblichen Faktor der guten sorbischen Lesekenntnisse bildete offensichtlich der sorbische Gottesdienst, der in der ersten Hälfte unseres Jahrhunderts noch in vielen evangelischen Kirchgemeinden abgehalten wurde (vgl. Malinkowa 1988a) (vgl. Malinkowa 1988b).

Für Rosenthal konnte festgestellt werden, daß in allen Altersgruppen nicht nur ein ausgeglichenes, sondern auch gutes Lesevermögen bestand. Dies ergab sich nicht zuletzt daraus, daß diese Region nahezu vollständig durch A-Schulen versorgt wurde. Gegenüber der teilweise sehr großen Differenziertheit in der Lesequalität (siehe Abb. 4) in den übrigen Gemeinden zeigte sich auch in dieser Hinsicht ein weitaus günstigeres Bild.

Die hier umrissenen Strukturen des sorbischen Lesevermögens in ihrer Differenziertheit waren für die Einschätzung des Bedürfnisses nach sorbischer Literatur und ihre Befriedigung, wie auch für den Platz des geschriebenen sorbischen Wortes bei der Konstituierung des nationalen Selbstbewußtseins

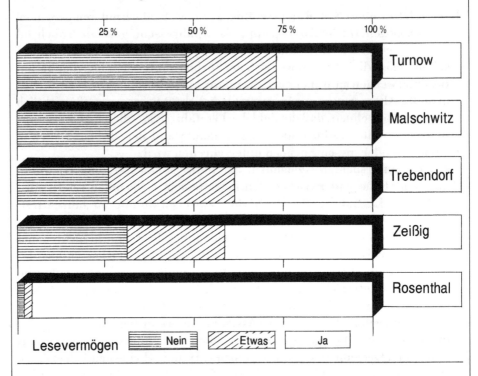

Abb. 4
Niveau der Lesefähigkeiten

von nicht unwesentlicher Bedeutung. Während bei den Lesebedürfnissen Deutscher, wie auch bei den Lesebedürfnissen nach deutschsprachiger Literatur unter den Sorben, das Lesevermögen keine Rolle spielt, da es generell gegeben ist, entfiel diese Form der Rezeption sorbischer Kultur für einen Teil der sorbischen Einwohner schon allein aus obigen Gründen.

Einfluß auf das Lesen sorbischer Bücher übten des weiteren aber auch die unterschiedlichen Möglichkeiten für den Erwerb sorbischer Literatur aus. In drei der fünf Gemeindebibliotheken bzw. Ausleihstellen (Malschwitz, Rosenthal und Trebendorf) wurden sorbische Bücher angeboten, allerdings liehen von uns befragte Bewohner im Untersuchungszeitraum keine davon aus. An Kiosken und in örtlichen (nicht spezialisierten) Verkaufsstellen wurden sorbische Bücher nicht oder nur in den wenigsten Fällen verkauft. Diese Situation wurde jedoch durch die initiativreiche Arbeit in den Ortsgruppen der Domowina und durch den Domowina-Verlag mit seinem »Freundeskreis des sorbischen Buches« in durchaus beachtlichem Maße ausgeglichen. Die Zahl der Teilnehmer am Freundeskreis stieg seit seiner Gründung im Jahre 1956 ständig an und erreichte mit mehr als 1300 Abonnenten (bei modifizierten Teilnahmebedingungen) 1988/89 einen Gipfelpunkt. Die gesellschaftlichen Wandlungen der Jahre 1989/90 wie auch der Prestigeverlust der bisherigen »sozialistischen« Nationalitätenpolitik und nicht zuletzt Veränderungen im Konsumverhalten der Menschen brachten es mit sich, daß die Abonnentenzahlen zurückgingen und seit 1991 die Vermittlung von Interessenten über die Ortsgruppen der Domowina eingestellt wurde. Diese Umstände werden zweifellos einen deutlichen Rückgang beim Erwerb sorbischer Bücher zur Folge haben.

Der sorbische Leseinteressierte ist mit einem bei weitem vielfältigerem und leichter zugänglichen deutschen als sorbischen Literaturangebot versorgt. Darüber hinaus liegen die Werke der bedeutendsten sorbischen Gegenwartsautoren wie J. Brězan, J. Koch u.a. oft auch in deutscher Version vor, so daß zum Lesen des sorbischsprachigen Buches zu allgemeinen Lesemotiven weitere hinzukommen müssen, die das Lesebedürfnis nach sorbischer Literatur prägen.

Es kann davon ausgegangen werden, daß das Lesen von Büchern in sorbischer Sprache auch Ausdruck eines deutlich ausgeprägten sorbischen Selbstbewußtseins ist. Selbst bei vorhandenem guten Lesevermögen lasen nur sehr wenige Deutsche sorbischsprachige Literatur. Lediglich 10 Prozent der Deutschen, die über sorbische Lesekenntnisse verfügten, gaben in der Komplexforschung 1987 an, sorbische Bücher zu lesen, darunter ca. vier Prozent mehr als ein Buch jährlich.

Zwischen der Bestimmung der Muttersprache, die unbestritten im engen Zusammenhang mit dem nationalen Selbstbekenntnis steht, und dem Lesen sorbischer Bücher konnte gleichfalls ein signifikanter Zusammenhang nachgewiesen werden. Während lediglich sieben Prozent Sorben mit Deutsch als Muttersprache sorbische Literatur rezipierten, waren es bereits 27 Prozent unter denjenigen, die beide Sprachen als ihre Muttersprache betrachteten und 57 Prozent aller Befragten, die als Muttersprache ausschließlich Sorbisch angaben. Von den sorbischen Lesern gaben demzufolge als Muttersprache an:

Deutsch:	3 Prozent
Deutsch und Sorbisch:	14 Prozent
Sorbisch:	83 Prozent

Einen bedeutenden Einfluß auf die Gewinnung von Interessenten an sorbischen Büchern übte die Domowina aus. Sorbische Mitglieder der Domowina erwarben gegenüber sorbischen Bürgern, die ihr nicht angehörten, deutlich häufiger sorbische Literatur. Vorstellungen von neuen Büchern, Begegnungen mit sorbischen Autoren und Gewinnung von Mitgliedern des »Freundeskreises des sorbischen Buches« zählten zum immanenten Bestandteil der Kulturarbeit der Domowina. Nach Analysen des ehemaligen Bundessekretariats für Kultur führten 1986/87 etwa 60 Prozent der Domowinagruppen, darunter nahezu 80 Prozent der städtischen, literatur-propagandistische Veranstaltungen durch. Nicht zuletzt auf diese Aktivitäten ist zurückzuführen, daß 54 Prozent aller sorbischen Domowinamitglieder Leser

Tab. 11
Lesehäufigkeit sorbischer Bücher
(Sorben mit sorbischen Lesevermögen, in Prozent, gerundet)

Region	keine	1 Buch	2 oder 3	4 oder 5	6 und mehr Bücher
SR I, II und SR III	78	11	5	2	4
SR IV	37	21	24	8	10
Gesamt	58	15	15	5	7
nur Leser SR I, II und III		51	22	11	16
SR IV		34	38	12	16
alle Leser		36	36	12	16

sorbischer Bücher waren, gegenüber 28 Prozent unter den Nichtmitgliedern. Es muß allerdings auch einschränkend bemerkt werden, daß die literaturpropagandistischen Aktivitäten zum Teil durch formalistische »Wettbewerbsideologien« überschattet waren und sich demzufolge nicht bei allen Abonnenten des Freundeskreises sorbischer Bücher das Interesse an sorbischer Literatur verfestigt hatte. Mit der strikten Ablehnung jeglicher formeller Vorgaben an die Domowinagruppen durch den neuen Vorstand der Organisation kam es demzufolge 1989/90 zu einem deutlichen Rückgang der Mitglieder des Freundeskreises, zumal neue wirksame Formen der Literaturpropaganda nicht entfaltet wurden.

Die Anzahl der sorbischen Bücher, die bei gegebenen Lesevermögen durchschnittlich pro Jahr gelesen wurden, stellt Tab. 11 dar.

Aus dieser Tabelle wird ersichtlich, in welch stärkerem Maße die allgemeine sorbischsprachige Atmosphäre in der Subregion IV sich positiv auf die Leseintensität auswirkte, als allein das Vermögen, sorbisch lesen zu können, wobei sich das vor allem in der generell größeren Lesehäufigkeit widerspiegelte. Als weiterer wesentlicher Faktor, der dieses Bild bestimmte, ist die Qualität des Sorbischunterrichts zu nennen. Nachweislich reichen die in Schulen mit Sorbisch als Unterrichtsfach (B-Schulen) erworbenen Lesekenntnisse zumeist nicht aus, um tatsächlich sprachlich anspruchsvollere Literatur zu lesen, vor allem dann nicht, wenn die sorbische Sprache als Mittel der aktiven Kommunikation nicht mehr genutzt wird.

In der Leseintensität unter den Lesern sorbischer Bücher selbst gab es dagegen keine so markanten regionalen Unterschiede. Vor allem in der Gruppe der jährlich vier und mehr sorbische Bücher Lesenden stimmten die Tendenzen bemerkenswert überein.

Allerdings erwies sich vor allem bei den unter 36jährigen in den untersuchten Gemeinden Malschwitz, Trebendorf, Turnow und Zeißig das Verhältnis von Lesern von nur einem sorbischen Buch gegenüber solchen Lesern, die mehrere sorbische Bücher pro Jahr lesen sehr ungünstig und betrug 1 : 0,75. Demgegenüber stieg es bei den 36 bis 55jährigen bereits auf 1 : 1,45 und erreichte bei den über 55jährigen 1 : 1,50. Die gleiche Tendenz zeigte sich auch in Rosenthal bei allerdings deutlich höherer Ausgangsposition. Es wurden nachfolgende Proportionen erreicht:

16 – 35jährige   1 : 1,65
36 – 55jährige   1 : 2,3
über 55 Jahre: 1 : 2,5.

Das heißt, mit steigendem Anteil an Lesern unter den Lesevermögenden von Alt nach Jung sank zugleich die Leseintensität. Ein solches Bild war für das allgemeine Leseverhalten in den untersuchten Gemeinden generell atypisch. Beim Lesen deutscher Bücher wurden in den einzelnen Generationen nachfolgende Strukturen erreicht (in Klammern die entsprechende Proportion beim Leser deutscher Bücher durch Sorbisch-Lesevermögende):

16 – 35 Jahre: 1 : 5,16   (1 : 11,00)
36 – 55 Jahre: 1 : 4,21   (1 : 5,67)
über 55 Jahre: 1 : 4,81   (1 : 4,00).

Die Ursachen für diese strukturellen Unterschiede lagen offensichtlich weder im Lesevermögen allein begründet noch im allgemeinen Leseinteresse, welches ja bei den Sorbisch-Lesevermögenden offensichtlich besonders hoch war. Die Ursachen waren vielmehr komplexer Natur und schlossen sowohl das relativ kleinere sorbische Buchangebot, die teils wenig kundenfreundlichen Bezugsmöglichkeiten für sorbische Bücher sowie die differenzierte Wertschätzung der sorbischen Sprache als Lesesprache generell ein.

Wenden wir uns der Fragestellung zu, welche Wechselbeziehung zwischen dem Lesen deutscher und sorbischer Bücher wirkten. Etwa 73 Prozent aller Sorben gaben an, daß sie entweder deutsche und/oder sorbische Bücher lasen. Der Anteil an deutschen Lesern betrug ca. 76 Prozent. Damit bestand zwischen Deutschen und Sorben hinsichtlich des allgemeinen Leseinteresses kein nennenswerter Unterschied. Hier wurde also bestätigt, daß die Rezeption der sorbischen Kultur weder die Rezeption deutscher Kultur ersetzte noch nachhaltig reduzierend auf diese wirkte. Im Gegenteil wirkte eine gegenseitige Stimulierung, die sich darin niederschlug, daß Leser sorbischer Bücher auch häufiger deutsche Bücher lasen als Sorben, die keine sorbischen Bücher zur Hand nahmen (vgl. Tab. 12).

Tab. 12
Lesen deutscher Bücher durch Sorben (in Prozent, gerundet)

Liest sorbische Bücher	Anzahl gelesener deutscher Bücher				
	keine	1 Buch	2 oder 3	4 oder 5	6 und mehr
ja	5	22	42	8	23
Nein	52	14	15	6	13

Während in unserer Erhebung der Fall, daß ein Sorbe nur in sorbischer Sprache las, eine Ausnahme darstellte (fünf Prozent), lasen zwei Drittel aller Sorben nur in deutscher Sprache, wobei dies wiederum von der Sprachsituation abhing. In Rosenthal lasen 79 Prozent aller Lesenden in beiden Sprachen, in den vier anderen Gemeinden waren dies dagegen lediglich 22 Prozent. Damit bestätigte sich unsere Annahme, daß bei fehlendem Angebot bzw. fehlenden Voraussetzungen zur Rezeption der sorbischen Kultur, auf das deutsche Kulturangebot ausgewichen wird, in diesem Falle bedingt durch die unzureichenden Lesefertigkeiten.

Die Leser sorbischer Bücher verschafften sich diese überwiegend durch den Kauf oder erhielten sie als Geschenk. Die staatlichen Allgemeinbibliotheken spielten bei unseren Befragten keine Rolle. Tabelle 13 zeigt die Anteile der verschiedenen Bezugsmöglichkeiten am Erwerb sorbischer Bücher.

Diese Übersicht verdeutlicht, welche große Rolle der Kreis der Freunde des sorbischen Buches für die Verbreitung der sorbischen Literatur spielte. Er stand dem Kauf in der Stadt bei denjenigen Sorben, die besonders häufig sorbische Bücher lasen in keiner Weise nach und übertraf die Schenkung bzw. den Erwerb in der Dorfverkaufsstelle deutlich. Selbst für viele Sorben, die relativ wenig lasen, bildete der Freundeskreis neben dem Kauf in der

Tab. 13
Formen des Erwerbs sorbischer Bücher (in Prozent)

Form des Erwerbs	Anteil in % zu allen Lesern	Anteil in % bei Lesern von 4 und mehr Büchern
Kauf in der Stadt	59,8	59,7
Freundeskreis	36,7	58,3
Geschenk	17,1	18,1
Kauf im Dorf	11,3	15,3
Bibliothek	0	0

Tab. 14
Rangfolge der Leseinteressen

Rang-platz	alle Befragten, unabhängig von der bevorzugten Lesesprache	Befragte, die bevorzugt in sorbischer Sprache lesen
1.	Märchen	historische Literatur über die Sorben
2.	historische Literatur	Gegenwartsliteratur über die Sorben
3.	Gegenwartsliteratur	historische Literatur
4.	Liebesgeschichten	Märchen
5	Reiseliteratur	Reiseliteratur

Stadt die wichtigste Bezugsquelle. Der einerseits durchaus beachtliche Anteil an im freien Verkauf erworbener sorbischer Bücher als auch andererseits der dabei geringe Anteil von in dörflichen Verkaufsstellen gekauften, deutet möglicherweise darauf hin, daß hier noch nicht alle Reserven voll erschlossen waren und bei einer Erweiterung des Buchangebotes in den Dörfern, das Interesse am sorbischen Buch hätte gefördert werden können. Mit den Veränderungen in der dörflichen Infrastruktur seit 1989 sind auch im deutsch-sorbischen Gebiet die meisten Dorfverkaufstellen geschlossen worden. Damit entfällt die hier genannte potentielle Möglichkeit, auf diesem Wege sorbische Bücher an Interessenten heranzutragen. Es bedarf neuer Initiativen, um eine diesbezügliche Alternative zu finden.

Eine besondere Stellung im Leseinteresse an sorbischen Publikationen nahm der traditionelle Buchkalender »Serbska protyka« bzw. »Serbska pratyja« ein. 69 Prozent aller sorbischen Befragten gaben an, diesen Kalender zu lesen, darunter in Turnow 22,2 Prozent, in der Gemeinde Malschwitz 72,5 Prozent, in den Gemeinden Trebendorf und Zeißig 43,3 Prozent und in Rosenthal 86,0 Prozent.

Hinsichtlich des Wechselverhältnisses von thematischer Auswahl von Literatur und bevorzugter Lesesprache sorbischer Befragter konnte ein signifikanter Zusammenhang dahingehend festgestellt werden, daß Sorben in ihrer Muttersprache vor allem solche Literatur lasen, die mit ihrer spezifischen nationalen Befindlichkeit in irgendeiner Beziehung stand (vgl. Tab. 14). Der Interessenstruktur der Leser entsprach auch das thematische Angebot des sorbischen Domowina-Verlages. Der weit überwiegende Teil der befragten Leser stimmte dem Verlagsprogramm dementsprechend auch zu.

Eine wichtige ethnokulturelle Funktion kommt der sorbischen sprachgebundenen Kunst, vor allem der Literatur, bei der Übermittlung von für die Ausprägung des nationalen Selbstbewußtseins relevanten Informationen an die nachfolgenden Generationen zu. Die in der Schule vermittelten sorbischen

Sprachkenntnisse werden vor allem in dem Maße ethnorelevant wirksam, wie sie tatsächlich kommunikative Funktionen ausüben, die nicht zuletzt über das Lesen realisiert werden. Entsprechend den von uns ermittelten Angaben besaßen 88 Prozent aller Kinder sorbischer oder gemischtnationaler Elternhäuser sorbische Kinderliteratur.

Während bei den Eltern ein Unterschied zwischen den untersuchten Gemeinden der Subregionen I, II und III zur Gemeinde Rosenthal (Subregion IV) von 22 Prozent zu 62 Prozent im Lesen sorbischer Literatur bestand, betrug dieser hinsichtlich des Besitzes sorbischer Kinderbücher 62 Prozent zu 99 Prozent und war damit bei deutlich höherer Basis sichtlich geringer. Freilich sind die Angaben zum Besitz sorbischer Kinderbücher nur bedingt geeignet, umfassend die Rolle der sorbischen Literatur für die weitere Ausprägung kultureller Bedürfnisse nach sorbischer Literatur einzuschätzen. Wesentlich ausschlaggebender ist die reale sprachliche Umwelt, in der die Kinder aufwachsen. Es verwundert daher nicht, daß Eltern, die selbst vermittels der Literaturrezeption die sorbische Sprache aktiv nutzen, offensichtlich einen größeren Einfluß auf die Kinder in dieser Hinsicht ausüben. Das schlug sich folglich wieder im Besitz sorbischer Kinderbücher nieder: Er betrug bei Kindern von selbst sorbische Literatur lesenden Eltern 99 Prozent (Turnow, Malschwitz, Trebendorf und Zeißig zusammengenommen 93 Prozent, Rosenthal 100 Prozent), bei Eltern, die nicht selbst sorbische Bücher lesen, 77 Prozent (Gemeinden der Subregionen I, II und III 55 Prozent, Rosenthal 96 Prozent).

Die hier dargelegten Ergebnisse korrespondieren mit den Antworten der Eltern/Großeltern auf die Frage, ob deren Kinder bzw. Enkelkinder die sorbische Kultur kennenlernen sollten. Dabei spielte die Tatsache, ob die Respondenten selbst Leser waren, wiederum eine bemerkenswerte Rolle. So vertraten 97 Prozent der Leser und 82 Prozent der Nichtleser sorbischer Bücher die Meinung, daß die sorbische Kultur an ihre Nachkommen weitervermittelt werden sollte. Demgegenüber lehnten dies lediglich 0,5 Prozent der Leser und vier Prozent der Nichtleser ausdrücklich ab.

Das Deutsch-Sorbische Volkstheater in Bautzen brachte jährlich drei bis vier sorbischsprachige Inszenierungen zur Aufführung. Grundsätzlich ermöglichte dies vielen Sorben in der Ober- und mittleren Lausitz, jährlich mehrere Theateraufführungen in obersorbischer Sprache besuchen zu können. Des weiteren konnten Aufführungen von zwei sorbischen Laientheatern und dem sorbischen Kindertheater besucht werden.

In niedersorbischer Sprache wurde jährlich ein Bühnenstück aufgeführt. Niedersorbische Laien- oder Kindertheater bestanden nicht. Im Gegensatz zur Oberlausitz besitzt die Niederlausitz keine Traditionen einer sorbischen Theaterbewegung.

Für den Besuch sorbischsprachiger Aufführungen des Deutsch-Sorbischen Volkstheaters sind sorbische Sprachkenntnisse allerdings nicht obligatorisch, da Simultanübersetzungsanlagen genutzt werden können. Deshalb wurden solche auch von sorbischen Jugendlichen mit weniger guten sorbischen Sprachkenntnissen bzw. von Deutschen besucht.

Neben den sorbischen konnten von den Theaterinteressenten auch die deutschsprachigen Vorstellungen des Deutsch-Sorbischen Volkstheaters wie auch der Theater in Dresden, Cottbus, Senftenberg usw. besucht werden. Über 80 Prozent aller befragten sorbischen Theaterbesucher besuchten deutsch- und sorbischsprachige Vorstellungen des Theaters in Bautzen. Laientheater und andere Berufstheater wurden von weniger als 20 Prozent angegeben. Die Besucher des Deutsch-Sorbischen Volkstheaters waren meist Anrechtsinhaber. Sorbische Theaterfreunde, die nur eine Aufführung pro Jahr besuchten, gaben das Deutsch-Sorbische Volkstheater zu 82 Prozent an, Besucher mit mehr als drei Theaterbesuchen zu 91 Prozent. Diese Angaben unterstreichen die bedeutende Rolle, die dieses Theater im gemischtnationalen Territorium spielte und untermauern die Wichtigkeit aller Bemühungen, seine Funktionen als sorbische nationale Kulturinstitution und als Begegnungsstätte deutscher und sorbischer Kultur zu erhalten und auszubauen.

Nicht unwesentlichen Einfluß auf die Stellung des sorbischen Theaters bei der Ausprägung von Kulturbedürfnissen der Sorben und ihre Befriedigung übte wiederum das ungleichmäßige territoriale Angebot an sorbischen Aufführungen in den Regionen aus. So gaben ca. zwei Drittel aller befragten Sorben aus Trebendorf, Zeißig und Malschwitz an, sorbische Theateraufführungen besucht zu haben, im Niederlausitzer Turnow dagegen lediglich ein Drittel. Die günstigeren Bedingungen und das jährlich mehrmalige Angebot von sorbischen Aufführungen in Bautzen wirkten sich fördernd aus, vor allem aber auch die jahrzehntelangen Traditionen, die von vielen Domowinaortsgruppen bewahrt wurden. So waren die Gewinnung von Teilnehmern am sorbischen Theateranrecht und gemeinsame Theaterbesuche Bestandteil der Domowinaarbeit sowohl der Gruppen in den Dörfern als auch in den Städten. Dies belegt auch die Analyse der Domowina 1987, deren Ergebnisse in Tabelle 15 dargestellt sind. An sorbische Theatertraditionen anknüpfende Aufführungen unter freiem Himmel, wie anläßlich des VII. Festivals der sorbischen Kultur das Bühnenstück »Naš statok« von J. Wjela auf der Ostroer Schanze, stimulierte nicht nur zahlreiche Laiendarsteller, sondern begeisterte vor allem mehr als 2000 Besucher.

Die Altersstruktur der sorbischen Theaterbesucher entsprach in Rosenthal, Trebendorf und Zeißig weitgehend der Altersstruktur der sorbischen Bevölkerung. Dagegen überwogen in Malschwitz und Turnow die älteren Jahrgänge deutlich. 70 Prozent aller Theaterbesucher waren über 45 Jahre. Das ist in erster Linie auf die differenzierten Sprachkenntnisse der jüngeren Sorben, aber auch auf die differenzierte Rolle der sorbischen Kultur als Komponente des nationalen Selbstbewußtseins unter ihnen, zurückzuführen.

Die soziale Gliederung der sorbischen Theaterbesucher belegt prinzipiell die Bedeutung und Wertschätzung des Theaters durch Angehörige aller

Tab. 15
Theaterbesuche als Bestandteil der Arbeit der Domowina-Gruppen (nach Domowina 1987 und Komplexforschung 1987)

Region	Theaterbesucher in %
Subregion I / Lübben	23,3 (*)
Subregion I / Turnow	86,7 (*)
Subregion II / Bautzen	39,2
Subregion II / Malschwitz	78,6
Subregion III/ Trebendorf, Zeißig	67,0
Subregion IV / Rosenthal	75,4

(*) meist je ein Theaterbesuch im Rahmen der Domowina-Ortsgruppe

sozialer Schichten. So waren 74,8 Prozent aller Angestellten, 64,5 Prozent aller Bauern und 54,2 Prozent der befragten Arbeiter Besucher sorbischer Theateraufführungen.

Es wurde bereits auf den Einfluß der Domowina und ihrer Ortsgruppen auf die Rezeption der sorbischen Kultur verwiesen. Diese Organisation hat bei allen dirigistischen und formalistischen Tendenzen die Entwicklung und Festigung des sorbischen nationalen Selbstbewußtseins durchaus und nachweislich positiv beeinflußt, auch wenn es in ihren programmatischen Dokumenten nicht in gleichem Maße konzipiert war. Damit war einerseits durch die Entwicklung des sorbischen Selbstbewußtseins eine Stimulierung der Kulturrezeption verbunden, andererseits förderte die Rezeption der sorbischen Kultur auch dieses Selbstbewußtsein, was auch in der Mitgliedschaft und Mitarbeit in der nationalen Organisation zum Ausdruck kam.

Tab. 16
Rezeption sorbischer sprachgebundener Kultur durch Sorben in Abhängigkeit von ihrer Mitgliedschaft in der Domowina (in Prozent zur Gesamtzahl der Rezipienten)

	Mitglied	Nichtmitglied
	der Domowina	
Lesen sorbischer Bücher	40	9
Lesen der Serbska protyka	61	19
Besuch sorbischer Theatervorstellungen	67	26
Mitglied im Freundeskreis des sorbischen Buches	18	1
Hörer sorbischer Rundfunksendungen	94	78

Des weiteren fungierte die Domowina auch deshalb als Stimulator der Rezeption sorbischer Kultur, weil sie eine Reihe von Formen der kulturellen Aktivität, so u. a. auch Theaterbesuche, nicht nur förderte sondern auch selbst organisierte. So spielte die Gewinnung von Inhabern sorbischer Theateranrechte vor allem in den Kreisverbänden Bautzen, Kamenz und Hoyerswerda eine immanente Rolle bei der Durchführung des in anderen Fragen durchaus umstrittenen Leistungsvergleichs in der Organisation.

In den Ergebnissen unserer Untersuchung schlug sich der Einfluß der Domowina auf die Rezeption der sprachgebundenen sorbischen Kultur deutlich nieder, wie in Tabelle 16 dargestellt.

Sorbische Kulturveranstaltungen, Dorf- und Heimatfeste, Brauchtumspflege und Ausstellungen sorbischer Kunst

Zahlreiche kultursoziologische Untersuchungen haben gezeigt, daß Unterhaltungsbedürfnisse, so nach Geselligkeit und informeller Kommunikation, im System der kulturellen Bedürfnisse einen stabilen und bedeutenden Platz einnehmen. Dies gilt im besonderen auch für die Dorfbewohner. Dorf- und Heimatfeste und die Pflege von Bräuchen und Traditionen wie auch der Besuch traditioneller kultureller Veranstaltungen sind ein wichtiger Teil im gemeinschaftlichen kulturellen Leben des Dorfes.

Das Angebot an sorbischen Kulturveranstaltungen und Geselligkeiten vor allem im Rahmen der Domowinagruppen war in der Vergangenheit durchaus breit und territorial relativ ausgeglichen. So wurden in allen Regionen des gemischtnationalen Gebietes regelmäßig Herbstkonzerte der Domowina und Vorstellungen der »Vogelhochzeit« bzw. des »Zapust« des Staatlichen Ensembles für sorbische Volkskultur dargeboten, deren Besuch vielfach die Domowina-Kreisverbände und Ortsgruppen organisierten. In größeren Abständen (ca. alle fünf Jahre) fanden ein zentrales Festival und Kreisfestivals der sorbischen Kultur statt. Darüber hinaus kann zu den traditionellen sorbischen Veranstaltungen auch die jährliche Schadźowanka (Treffen der sorbischen studentischen Jugend und der Angehörigen der Intelligenz), die in Bautzen und Cottbus stattfand, gerechnet werden. In den Ortsgruppen der Domowina wurden u.a. Weihnachts- und Adventsveranstaltungen, gemeinsame Feiern und Ausflüge organisiert.

Untersuchungen zu kulturellen Bedürfnissen sorbischer Bauern 1981 zeigten, daß die Vogelhochzeits- bzw. Zapustveranstaltungen sowie die Herbstkonzerte der Domowina ein sehr breites Interesse in der sorbischen aber auch deutschen Bevölkerung fanden. So wurde in dieser Untersuchung festgestellt, daß 45 Prozent der befragten Bauern die Vogelhochzeit und 29 Prozent die Herbstkonzerte regelmäßig besuchten (Elle - Elle 1983 S. 209). An weiteren sorbischen Kulturveranstaltungen nahmen 34 Prozent der Befragten teil. Die Erhebungen im Rahmen der Komplexuntersuchung 1987 wie auch Analysen der Domowina bestätigten diese Tendenzen.

Von allen Befragten gaben ca. 65 Prozent an, sorbische Kulturveranstaltungen besucht zu haben, wobei es bei den deutschen Respondenten 56 Prozent und bei den sorbischen 83 Prozent waren. Unter den sorbischen Einwohnern gehörten 27 Prozent zu den regelmäßigen, 56 Prozent zu den gelegent-

Tab. 17
Sorbische Besucher sorbischer Kulturveranstaltungen nach Alter und Subregionen (in Prozent)

Alter	Turnow		Subregion Malschwitz		Trebendorf und Zeißig		Rosenthal	
	abs.	%	abs.	%	abs.	%	abs.	%
16 – 25 Jahre	8	100,0	2	66,7	27	79,4	108	88,5
26 – 35 Jahre	8	80,0	1	100,0	23	82,1	138	93,2
36 – 45 Jahre	3	100,0	5	100,0	16	100,0	63	91,3
46 – 55 Jahre	6	85,7	8	88,9	35	85,4	107	84,3
56 – 65 Jahre	9	69,2	11	78,6	22	68,8	78	67,8
über 65 Jahre	6	42,9	6	46,2	15	48,6	44	55,0
Gesamt	40	72,7	33	73,3	138	75,4	327	86,5

lichen Besuchern. Dabei waren die territorialen Unterschiede relativ gering und hoben sich von den beträchtlichen territorialen Differenzierungen bei den sprachgebundenen Angeboten sorbischer Kultur deutlich ab. Grund dafür war neben der Sprachunabhängigkeit vor allem das ausgeglichenere sorbische Veranstaltungsangebot, das es praktisch jedem Interessierten ohne besondere Schwierigkeiten ermöglichte, an ihnen teilzunehmen. Den differenzierten Sprachfertigkeiten kam entgegen, daß diese Veranstaltungen oft zweisprachig gestaltet bzw. moderiert worden sind, was allerdings die ethnische funktionale Wirksamkeit der sorbischen Kultur auch einengte.

Auf einige weitere territoriale Aspekte soll nachfolgend dennoch eingegangen werden:

Der Anteil an Besuchern der sorbischen Kulturveranstaltungen war mit 81,4 Prozent relativ ausgeglichen, wobei die mittlere Streuung bei 4,4 Prozent lag. Erwartungsgemäß wies Rosenthal den höchsten Besucheranteil auf, gefolgt von Trebendorf und Zeißig aus der Region mit dem zweithöchstem Anteil an sorbischer Bevölkerung, der Subregion III, wobei die Differenz von ein Prozent zu Turnow und Malschwitz (Regionen I bzw. II) jedoch unerheblich war.

Unter den Rezipienten der Kulturveranstaltungen war das Verhältnis von regelmäßigen und gelegentlichen Besuchen dadurch gekennzeichnet, daß in Regionen mit geringeren Gesamtanteilen an Interessenten relativ mehr regelmäßige Besucher festgestellt werden konnten, als in Regionen mit generell höherem Besucheranteil. Hierin kam zum Ausdruck, daß die Rolle der sorbischen Kultur in ersteren Regionen sich auf eine kleine Zahl von Sorben mit ausgeprägter Ethnizität konzentrierte aber auch beschränkte, während

Tabelle 18
Besucher sorbischer Kulturveranstaltungen nach Mitgliedschaft in der Domowina (in Prozent)

Subregion	Turnow %	Malschwitz %	Trebendorf und Zeißig %	Rosenthal %
Mitglieder an Gesamtzahl der Besucher	35,0	78,8	53,6	80,0
Mitglieder-Besucher an Gesamtzahl Mitglieder	93,3	86,7	50,5	92,9

in Rosenthal und zum Teil in Subregion III (Zeißig) die sorbische Kultur allgemein stärker die alltägliche geistig-kulturelle Atmosphäre bestimmte und daher das sorbische Kulturangebot differenzierter ausgewählt und in Anspruch genommen wurde. Dem entsprach auch der unterschiedlich hohe organisatorische Aufwand für die Gewinnung von Besuchern sorbischer Kulturveranstaltungen. Er konzentrierte sich in den Regionen mit geringerem sorbischen Bevölkerungsanteil offensichtlich auf einen kleineren Personenkreis, war damit beispielsweise auch stärker von der Organisiertheit in und den Aktivitäten der Domowina abhängig (vgl. Tab. 18). Allerdings gehörten selbst von den Mitgliedern der Domowina nur ein Teil zu den Veranstaltungsbesuchern, was in erster Linie auf die in vielen Ortsgruppen vor allem in der Oberlausitzer Subregion II bestehende ungünstige Altersstruktur, insbesondere auch der sorbischsprachigen Mitglieder, zurückzuführen war.

Die Rezeption dieses Teils des sorbischen Kulturangebotes trug damit in den Gemeinden Malschwitz, Trebendorf, Turnow und Zeißig in weit größerem Maße den Charakter gemeinschaftlich organisierter und vollzogener Rezeption, als in Rosenthal. Das bedeutete aber auch, daß hier das Bedürfnis nach sorbischer Kultur in weit geringerem Maße in individuelle Bedürfnisstrukturen eingeordnet sein konnte und somit stärker von äußeren Faktoren (Einflußnahme durch den Vorsitzenden der Ortsgruppe und zum Teil Werbung in Presse und Rundfunk) abhängig war. Der Wegfall dieser äußeren Stimulatoren (sei es durch das Ausscheiden der entsprechenden Autoritätsperson, sei es durch Veränderungen in der Arbeitsweise der Domowina) konnte daher sehr gravierende Einschnitte mit sich bringen.

Die Alterstruktur der sorbischen Besucher sorbischer Kulturveranstaltungen wies in allen untersuchten Gemeinden eine Übereinstimmung in ihren Grundtendenzen auf. Die Teilnahmequote lag bei den bis 25jährigen bei 88,5 Prozent, mit einem Maximalwert von 92,2 Prozent in Rosenthal und einem Minimalwert von 66,7 Prozent bei allerdings nur zwei Besuchern in Malschwitz. In den folgenden beiden Altersgruppen konnten wir einen leichten Anstieg der durchschnittlichen Quote der Veranstaltungsbesucher feststellen. In der Gruppe der bis 45jährigen waren nachfolgende Umstände bemerkenswert: Zum einem handelt es sich um die Altersgruppe, in welcher außerhalb von Rosenthal der geringste sorbische Bevölkerungsanteil festgestellt wurde. Dessenungeachtet gaben ausnahmslos alle sorbischen Befragten dieser Altersgruppe aus Malschwitz, Trebendorf, Turnow und Zeißig an, Veranstaltungsbesucher zu sein. Auch der Anteil an regelmäßigen Besuchern erreichte in allen Gemeinden zusammengenommen mit 54 Prozent einen Höchstwert. Dies läßt in Verbindung mit anderen Faktoren der kulturellen Rezeption darauf schließen, daß Kulturrezeption unter diesen Sorben eine bedeutende ethnostabilisierende Rolle spielte, die sich in den nachfolgenden Jahrgängen offensichtlich verringerte. Unter den Sorben aus Rosenthal waren im Anteil der Besucher der weiteren Altersgruppen keine nennenswerten Abweichung zu denen der vorangegangenen festzustellen, was den stabilen Platz der sorbischen Kulturveranstaltungen im geistig-kulturellen Leben der durch diese Gemeinde repräsentierten Region unterstrich.

Die mit zunehmendem Alter objektiv sich einschränkenden Möglichkeiten der Einbindung in das gemeinschaftliche kulturelle Leben beschränkte die Teilnahme an entsprechenden Veranstaltungen. Dies schlug sich insbesondere in Turnow, Trebendorf und Zeißig stärker nieder, weil hier der Besuch häufiger mit z.T. längeren Anfahrten verbunden war (derartige Veranstaltungen fanden in der Regel in zentral gelegenen Dörfern oder in den Kreisstädten statt). Dies hielt offensichtlich ältere Bürger eher davon ab, sorbische Kulturveranstaltungen zu besuchen. Aus gleichen Gründen waren in der obersten Altersgruppe auch die geringsten Anteile an regelmäßigen Besuchern festzustellen, die in diesen Gemeinden lediglich vier Prozent betrugen.

Tab. 19
Anteil regelmäßiger Besucher sorbischer Kulturveranstaltungen an Gesamtzahl sorbischer Befragter bzw. Gesamtzahl sorbischer Veranstaltungsbesucher nach Regionen (in Prozent)

Region	Anteil regelmäßiger Besucher zu Gesamtzahl aller sorbischen Befragten	sorbischer Veranstaltungsbesucher
Turnow	34,5	47,5
Malschwitz	33,3	45,5
Trebendorf und Zeißig	25,4	32,4
Rosenthal	26,6	30,5

Tab. 20
Anteil der Sorben, die ausschließlich am sorbischen kulturellen Leben über den Besuch sorbischer Kulturveranstaltungen und den Empfang sorbischer Rund funksendungen teilnahmen

Region	nur Veranstaltungsbesucher	nur Veranstaltungsbesucher und Hörer sorbischer Rundfunksendungen
Turnow	10	12,7
Malschwitz	3	4,4
Trebendorf und Zeißig	2,2	3,9
Rosenthal	0,5	0,5

Auf bestehende Unterschiede im Anteil an regelmäßigen Kulturveranstaltungsbesuchern zwischen den vier Subregionen verweist Tabelle 19.

Deutlich sichtbar wird die durchaus große Bedeutung der sorbischen Kulturveranstaltungen im geistig-kulturellen Leben der Sorben und ihr potentieller und realer Einfluß auf die Ausprägung des nationalen Selbstbewußtseins. Bei der Beurteilung der relativ niedrigen Werte für Rosenthal muß beachtet werden, daß im Vergleich zu den übrigen Gemeinden das Spektrum der Teilnahme der Sorben am sorbischen geistig-kulturellen Leben generell breiter war, wogegen der Besuch der Vogelhochzeit, des Herbstkonzertes bzw. weniger anderer kultureller Veranstaltungen für einen Teil der Sorben in Malschwitz, Trebendorf, Turnow und Zeißig neben dem Empfang entsprechender Rundfunksendungen die einzige Form der Teilnahme am sorbischen geistig-kulturellen Leben darstellte (vgl. Tab. 20).

Des weiteren fanden im Einzugsbereich der Gemeinde Rosenthal weit häufiger kulturelle Veranstaltungen statt, die nicht ausdrücklich als sorbische deklariert waren, aber dennoch auch sorbische Programmpunkte enthielten, beispielsweise auch Tanzveranstaltungen und Diskotheken.

Bezogen auf die soziale Gliederung der Besucher sorbischer Kulturveranstaltungen (Tab. 21) gilt das bereits im Zusammenhang mit anderen Seiten der Rezeption sorbischer Kultur Gesagte: Gravierende Unterschiede waren nicht festzustellen. Der größtenteils künstlerisch durchaus anspruchsvolle, dennoch auf breite Rezipientenkreise ausgerichtete und unterhaltende Charakter der traditionellen sorbischen Kulturveranstaltungen ließ auch kaum die Dominanz einer bestimmten sozialen Gruppe zu.

Für die Bewertung der ethnofunktionellen Bedeutung der sorbischen kulturellen Veranstaltungen sind einige erfragte Motive für deren Besuch aussagekräftig. Sie geben Auskunft über Aspekte der spezifischen kulturellen Interessenstrukturen, gleichzeitig sind sie Indikatoren für die Bewertung

Tab. 21
Sorbische Besucher sorbischer Kulturveranstaltungen nach sozialer Gliederung und Region (in Prozent)

	Turnow	Malschwitz	Trebendorf Zeißig	Rosenthal
Arbeiter	89,5	75,0	78,3	87,0
Angestellte	100,0	100,0	94,3	95,5
Bauern	81,8	100,0	91,7	86,4
Rentner	31,3	55,6	55,5	66,7
Sonstige	100,0	75,0	95,0	92,7

dieser Form der Teilnahme am kulturellen Leben im Komplex der die nationale Identität formierenden Merkmale.

Es konnte festgestellt werden, daß die Struktur der Motivationen im gesamten gemischtnationalen Gebiet im Großen und Ganzen einheitlich war. Bestimmte regionale Besonderheiten waren zwar wiederum vorhanden, sie stehen generalisierenden Wertungen jedoch nicht entgegen. Des weiteren war festzustellen, daß die Beantwortung der entsprechenden Fragen in den untersuchten Gemeinden mit unterschiedlicher Intensität erfolgte. Die durchschnittliche Anzahl der angegebenen Motive je Besucher betrug in

Turnow	2,4
Malschwitz	2,2
Trebendorf und Zeißig	1,9
Rosenthal	2,0.

Das bedeutet, in der Mehrzahl der Fälle entschieden sich Befragte für mehr als ein Motiv, wobei in den Gemeinden mit geringerem sorbischen Bevölkerungsanteil in der Tendenz häufiger mehrere Besuchsmotive genannt wurden, als in Gemeinden mit höherem sorbischen Einwohneranteil und damit auch einer größeren Repräsentanz der sorbischen Sprache und Kultur im Alltag. Dabei werden zumeist die spezifisch auf die sorbische Kultur ausgerichteten Motive durch weitere, allgemeiner gehaltene wie Tradition, Freude an Geselligkeit usw. ergänzt. Andererseits gab es auch einen Teil Besucher der Veranstaltungen, die keine speziellen Motivationen anzugeben vermochten. Die Struktur der Besuchsmotivationen zeigt Tabelle 22.

Aus der in Tabelle 22 dargestellten Übersicht lassen sich nachfolgende wesentliche Schlußfolgerungen ableiten: Der überwiegende Teil der Besucher sorbischer Kulturveranstaltungen entschied sich bewußt für die sorbische Veranstaltung, er hat ein offensichtliches Interesse am sorbischen Gehalt dieser, die bei einem Drittel der sorbischen Besucher mit dem Motiv verbunden war, die sorbische Kultur zu fördern. Verknüpfen wir die unter 1. und 4.

Tab. 22
Besuchsmotivationen nach Regionen (in Prozent zur Gesamtzahl der Besucher sorbischer Kulturveranstaltungen)

Motiv	Turnow	Malschwitz	Trebendorf Zeißig	Rosenthal
1. Interesse an sorbischer Kultur	55,0	69,7	65,5	62,5
2. Freude an Geselligkeit	62,5	60,0	50,0	55,3
3. Tradition	72,5	54,5	37,3	31,7
4. Förderung der sorbischen Kultur	32,5	21,2	26,8	37,5
5. Nimmt einfach gern teil	17,5	9,1	14,8	17,8

gegebenen Antworten, (davon ausgehend, daß das Motiv, die sorbische Kultur zu fördern, das Interesse an der sorbischen Kultur mit einschließt) so motivierte 69 Prozent aller Besucher, das Interesse an der sorbischen Kultur. Mit anderen Worten, in einer Alternativsituation würde sich dieser Teil der Befragten mit durchaus großer Wahrscheinlichkeit für das sorbische Kulturangebot entscheiden.

An zweiter Stelle stand der Wunsch nach Geselligkeit. Kultursoziologische Untersuchungen in der ehemaligen DDR belegten den bedeutenden Platz der Geselligkeit innerhalb der Struktur kultureller Bedürfnisse (Bisky 1982 S. 734). So ist der Rang, den dieses Motiv in unserer Untersuchung einnahm eher als niedrig anzusehen, vor allem auch wenn wir bedenken, daß die meisten sorbischen Kulturveranstaltungen mit geselligen Programmteilen verbunden waren. Über deren mögliche DDR-spezifische sozialpsychologische Hintergründe - Stimulierung kollektiver Formen kultureller Aktivität aber auch Geselligkeit unter Freunden und Bekannten als »antikollektivistische Nische« - kann hier nicht gesprochen werden kann.

Mehr als ein Drittel der Befragten gab an, sorbische Kulturveranstaltungen aus Tradition zu besuchen, wobei der deutlich höhere Wert in Turnow auffällt. Als Gründe für diesen durchaus hohen Anteil sind vor allem der tatsächlich traditionelle Charakter der beliebtesten sorbischen Kulturveranstaltungen, der Vogelhochzeit/Zapust und der Herbstkonzerte der Domowina zu nennen, aber auch die Tatsache, daß der Besuch dieser Veranstaltungen jahrzehntelanger Bestandteil der Kulturarbeit der Domowina und für viele Niederlausitzer Sorben eine der wenigen Möglichkeiten, sorbische Kultur zu erleben, war.

Zu vermerken bleibt ferner noch, daß die Rangfolge der Besuchsmotivationen in allen Altersgruppen nahezu konstant blieb.

Im Zusammenhang mit der Rezeption der sorbischen Literatur wurde bereits darauf verwiesen, daß die Domowina einen nicht zu unterschätzenden

Tab. 23
Sorbische Domowinamitglieder als Besucher sorbischer Kulturveranstaltungen (Anteil in Prozent zur Gesamtbesucherzahl)

	Turnow	Malschwitz	Trebendorf Zeißig	Rosenthal
Anteil an den sorbischen Besuchern insgesamt	35,0	78,8	68,8	62,8
Anteil an regelmäßigen sorbischen Besuchern	42,1	100	93,5	81,2

Einfluß auf das Rezeptionsverhalten ausübte, wie auch nicht zuletzt die Mitgliedschaft in der Domowina dadurch gefördert wurde, daß über diese besonders einfach am sorbischen Kulturleben teilgenommen werden konnte. Dies widerspiegelte sich auch darin, daß die sorbischen Domowinamitglieder den größten Teil der, vor allem regelmäßigen, Besucher sorbischer Veranstaltungen stellten (vgl. Tab. 23)

Bisher wurde analysiert, welches Rezeptionsverhalten die sorbischen Befragten in Bezug auf solche kulturelle Veranstaltungen, die ausdrücklich als »sorbische« charakterisiert werden, aufwiesen.

Bekanntlich wurden in den Dörfern darüber hinaus zahlreiche weitere Dorf- und Heimatfeste durchgeführt, die eine wichtige Bereicherung des dörflichen geistig-kulturellen Lebens darstellten und zugleich eine beträchtliche Zahl von sorbischen und deutschen Einwohnern in die Vorbereitung und Durchführung aktiv einbezogen.

91 Prozent aller sorbischen Einwohner gaben an, Dorf- und Heimatfeste zu besuchen bzw. an deren Gestaltung aktiv mitzuwirken (34 Prozent). Dabei bestanden keine nennenswerten Unterschiede zwischen den untersuchten Gemeinden. Geringfügige Abweichungen vom genannten Durchschnittswert waren zumeist altersbedingt in Malschwitz und Zeißig, wo die Anteile von Besuchern und Aktiven unter den Sorben 89 Prozent bzw. 80 Prozent betrugen, festzustellen.

Während der Anteil der sorbischen Besucher und aktiven Mitgestalter dem Anteil der Sorben an der Bevölkerung der jeweiligen Gemeinde entsprach, war bei den aktiven Mitgestaltern der Dorf- und Heimatfeste ein deutlich höherer Sorbenanteil festzustellen. Über 49 Prozent aller Mitgestalter und Organisatoren von Dorf- und Heimatfesten, praktisch jeder Zweite, war Sorbe. Dadurch waren Möglichkeiten gegeben, bei der Gestaltung dieser Feste die sorbische Kultur und die Sprache entsprechend den örtlichen Möglichkeiten einzubeziehen. Das setzte natürlich voraus, daß sowohl bei den sorbischen Mitgestaltern der Feste entsprechende Motivationen ausgeprägt waren, Kenntnisse über örtliche Traditionen der sorbischen Volkskultur

Tab. 24
Interessenstruktur sorbischer Besucher von Dorf- und Heimatfesten
(in Prozent zur Gesamtzahl sorbischer Besucher)

1. Auftritte sorbischer Kulturgruppen	73,3
2. Kinderbelustigungen	70,7
3. Veranstaltungen der Konzert und Gastspieldirektion	50,3
4. Sportveranstaltungen	49,9
5. Ausstellungen zum künstlerischen Volksschaffen	46,3
6. Darstellung örtlicher Traditionen	41,2
7. Darstellung sorbischer Hochzeiten	40,6

vorlagen, kameradschaftliche zwischennationale Beziehungen in den organisierenden Gremien bestanden wie auch erforderlichenfalls methodische Hilfe angeboten und genutzt wurden (z.B. vom Haus für sorbische Volkskultur).

Innerhalb der Programmwünsche der sorbischen Besucher der Dorf- und Heimatfeste war für uns der Stellenwert der sorbischen Kultur von Interesse. Dieser geht aus nachfolgender Übersicht hervor (vgl. Tab. 24).

Wir konnten zunächst feststellen, daß eine sehr breite Interessenstruktur bestand - alle vorgegebenen Varianten wurden genutzt. Weiter konnte festgestellt werden, daß die sorbischen Besucher von Dorf- und Heimatfesten Beiträge sorbischer Kultur erwarteten, was durch den ersten Rangplatz wie auch die hohe Quote von 75 Prozent deutlich belegt ist. In den Gemeinden traten nur relativ geringe Abweichungen auf. Nur in Turnow nahmen Beiträge sorbischer Kultur mit dem geringen Abstand von zwei Prozent den zweiten Rangplatz (59 Prozent) ein, in allen anderen Gemeinden standen sie an erster Stelle.

Auf den dritten Platz wurden Beiträge der ehemaligen Konzert- und Gastspieldirektion gesetzt. Dabei ging es aber offensichtlich nicht nur um Programme dieser Agentur, sondern es wurde das Interesse an Darstellungen anspruchsvoller Unterhaltungskunst durch professionelle aber auch Laienkünstler, die vom Schlager über Artistik bis zur Modenschau reichten, ausgedrückt. Solche Programme wurden zum Teil auch durch Kulturhäuser und Betriebsensembles angeboten, wobei die Berücksichtigung der sorbischen Kultur meist nur unzureichend oder überhaupt nicht erfolgte.

Jeder zweite Besucher genannter Feste wünschte die Durchführung von Sportwettkämpfen, was in der Regel auch auf jedem Fest realisiert worden ist.

In der Reihenfolge der Programmwünsche durch sorbische Besucher standen Ausstellungen des künstlerischen Volksschaffens, Darstellungen örtlicher Traditionen sowie die Demonstration traditioneller Hochzeitszüge auf den nachfolgenden Plätzen. Hierbei ist vor allem zu bemerken, daß nicht der Rangplatz und auch nicht das Verhältnis zu den anderen Positionen das

Ausschlaggebende war, sondern die Tatsache, daß mehr als zwei Fünftel aller sorbischen Gäste auf diesen Festen solche Programmelemente erwarteten. Analysen von Programmen von Dorf- und Heimatfesten zeigten, daß hier das mögliche Angebot oft noch nicht den Erwartungen entsprach und Beispiele wie die Dorffeste in Bröhten (Kreis Hoyerswerda) nicht verallgemeinert werden können (Nawka 1985). Des weiteren sind in Bezug auf die letztgenannten Programmelemente einige Unterschiede zwischen den Gemeinden festzustellen. Bei Ausstellungen von örtlichen Traditionen und des Volksschaffens lag in den beiden Untersuchungsgemeinden der Subregion III, in Trebendorf und Zeißig, der Anteil Befragter, die diese erwarteten, bei über 50 Prozent. Das war nicht zuletzt auf die vorhandenen Möglichkeiten und Potenzen in diesem Territorium zurückzuführen. Über dem Durchschnittswert lag auch die Gemeinde Rosenthal mit gleichfalls vorhandenen relativ breiten Potenzen. In den Gemeinden Malschwitz und Turnow mit weniger ausgeprägten und im Alltagsbewußtsein der Einwohner gespeicherten Traditionen - in Turnow aber, vor allem weil der sorbischen Traditionspflege spezielle Veranstaltungen dienten - war auch der Anteil derer, die solche Darstellungen auf Dorf- und Heimatfesten erwarteten mit nur 28 Prozent deutlich geringer.

Die Demonstration örtlicher Traditionen (einschließlich der Darstellung von Hochzeiten in sorbischen Trachten), wie sie beispielsweise in Bröhten erfolgte, wünschten sich vor allem die Bewohner in den Gemeinden Malschwitz, Turnow, Trebendorf und Zeißig, wo der Anteil der Nennungen jeweils 50 Prozent überstieg. Dagegen befürworteten in Rosenthal nur wenige sorbische Befragte derartige Darbietungen. Traditionen, die noch real gepflegt werden, eignen sich auch nicht als Schauobjekt. Daher konzentrierte sich in Rosenthal das entsprechende Interesse der sorbischen Einwohner auf eher übliche kulturelle Darbietungen wie die Auftritte sorbischer Kulturgruppen, die nicht nur den ersten Rangplatz schlechthin einnahmen, sondern auch von nahezu 80 Prozent aller Befragten benannt wurden.

Durchaus im Zusammenhang mit den Dorf- und Heimatfesten stehend, jedoch relativ eigenständiges Element des geistig-kulturellen Lebens im gemischtnationalen Dorf war die Pflege sorbischer Bräuche. Dabei waren die territorial sehr differenzierten Voraussetzungen für die Brauchtumspflege zu beachten. Im Gebiet des Kreises Bautzen der Subregion II beschränkte sich die Brauchpflege auf nur wenige Bräuche, darunter vor allem auf das noch sehr weit verbreitete Hexenbrennen. Allerdings muß bemerkt werden, das gerade dieser Brauch, obgleich er zum traditionellen sorbischen Dorfleben gehört, heute keinen Einfluß auf die Identifikation mit dem Sorbischen ausübt. Damit war für diese Region die Möglichkeit aktiver Mitwirkung am Brauch von vornherein beschränkt. Daher verwunderte auch nicht, daß in Malschwitz nur 10 Prozent der Befragten aktiv an der Brauchpflege teilnahmen, wobei zwischen Sorben und Deutschen keine Unterschiede bestanden. Demgegenüber waren in der Niederlausitz und in der mittleren Lausitz

Tab. 25
Kenntnisse sorbischer Bräuche (in Prozent)

Gemeinde	Anzahl der angegebenen Bräuche			
	0	1 – 2	3 – 4	5 und mehr
Malschwitz				
Deutsche	16,1	36,0	35,3	12,7
Sorben	20,9	25,6	27,9	25,6
Rosenthal				
Deutsche	30,8	11,5	17,3	40,4
Sorben	14,1	11,9	29,2	44,8
Trebendorf				
Deutsche	18,9	21,0	36,5	23,6
Sorben	10,2	13,3	35,7	40,8
Turnow				
Deutsche	32,0	30,2	29,6	8,2
Sorben	12,0	22,0	48,0	18,0
Zeißig				
Deutsche	16,3	12,2	34,2	37,2
Sorben	12,0	6,0	31,3	50,6

zwischen 20 und 27 Prozent der Befragten in dieser Weise aktiv, wobei zwischen 17 und 27 Prozent aller deutschen und 24 und 35 Prozent aller sorbischen Befragten an der Brauchpflege teilnahmen. Hier kamen die realen aber auch begrenzten ethnodifferenzierenden und ethnoidentifizierenden Einflüsse, die Brauchtumspflege in der Gegenwart noch ausüben kann, durchaus zum Ausdruck. Das galt sowohl für Turnow in der Niederlausitz, wo ein Drittel aller Sorben angab, aktiv sorbisches Brauchtum zu pflegen, gegenüber nur 19 Prozent der Deutschen. Das entsprechende Verhältnis betrug in den beiden untersuchten Gemeinden der Subregion III:

Trebendorf: Deutsche = 17 Prozent   Sorben = 24 Prozent
Zeißig: Deutsche = 27 Prozent   Sorben = 27 Prozent.

Die Daten für Zeißig lassen vermuten, daß dort der Zusammenhang von nationalem Selbstbewußtsein und Brauchtumspflege geringer ausgeprägt gewesen sein könnte als in Trebendorf. Dem war aber durchaus nicht so. Hier wirkte sich aber auch die allgemein höhere Intensität der Beziehungen der

Tab. 26
Deutsche und sorbische Zuschauer bei Brauchtumspflege
(in Prozent zu Befragten, die nicht zugleich als Mitwirkende
an der Brauchtumspflege teilnahmen)

	Deutsche	Sorben	Sorben zu Gesamt-zuschauerzahl
Turnow (SR I)	66,8	72,2	13,8
Malschwitz (SR II)	78,7	82,9	9,8
Trebendorf und Zeißig (SR III)	58,9	75,3	34,1
Rosenthal (SR IV)	85,4	88,4	85,0

Menschen zu den sorbischen Bräuchen ihrer Region aus, die sich nicht zuletzt auch in den guten Kenntnissen der Einwohner beider Nationalitäten über sorbische Bräuche niederschlug (vgl. Tab. 25).

In Rosenthal wurden gleichfalls zahlreiche sorbische Bräuche gepflegt, woran ca. 40 Prozent aller sorbischen Einwohner beteiligt waren. Fördernd wirkte hier neben dem ausgeprägten nationalen Selbstbewußtsein oftmals die Verknüpfung von Brauch und religiösen Handlungen aus, wobei entsprechende Wechselwirkungen einer weiteren tiefgründigen Untersuchung bedürfen.

Die sorbischen Bräuche wurden (mit Ausnahme einiger mit religiösen Handlungen verbundener) heute als Form der Geselligkeit und Unterhaltung, das heißt zur Erbauung der Mitwirkenden und Zuschauer, gepflegt. Dementsprechend groß war das Interesse bei Sorben wie Deutschen, an diesen oft Volksfestcharakter tragenden Veranstaltungen teilzunehmen (vgl. Tab. 26).

Während bei den aktiv Mitwirkenden die Sorben etwas stärker beteiligt waren, entsprachen die ermittelten Anteile an Besuchern derartiger Veranstaltungen weitgehend dem entsprechenden Anteil der Sorben an der Gesamtbevölkerung der jeweiligen Subregion. Dies bestätigte, daß Brauchtumspflege sowohl allgemeinkulturelle als auch ethnische Funktionen auszuüben vermochte und eine Kontaktzone kultureller Begegnungen sein konnte, was allerdings die Bewahrung des ethnischen Bezuges des sorbischen Brauches voraussetzte. Hier erwächst eine wichtige kulturpolitische Aufgabe dergestalt, daß durch geeignete Verbreitung von Informationen über die ethnischen Ursprünge der Bräuche im gemischtnationalen Territorium und durch methodische Unterstützung die Sicherung des traditionellen Gehalts der Bräuche auch in gewandelter Form und Trägerschaft bewahrt bleibt. Gelingt dies nicht in ausreichendem Maße, so verschwindet zwar der Brauch nicht, er wird aber eher als regionaler denn als sorbischer Brauch gefaßt.

Zum Spektrum des sorbischen Kulturangebotes gehörten auch Ausstellungen in Museen, Heimatstuben und Ausstellungen sorbischer Berufs- und Laien-

Tab. 27
Besuch von Ausstellungen sorbischer Künstler
(in den der Befragung vorangegangenen zwei Jahren, in Prozent)

Region	Sorben	Deutsche
Malschwitz	48,9	20,4
Turnow	7,5	8,5
Trebendorf, Zeißig	26,0	12,7
Rosenthal	40,3	27,1

künstler. Vor allem anläßlich von Festivals und Kreisfestivals der sorbischen Kultur wurden solche Ausstellungen zur bildenden Kunst, zum künstlerischen Volksschaffen und zur Fotografie gestaltet.

Die befragten sorbischen Einwohner der Gemeinde Malschwitz in der Subregion II besuchten am häufigsten solche Ausstellungen (vgl. Tab. 27). Das war nicht zuletzt aber auch darauf zurückzuführen, daß die weitaus größte Zahl dieser Ausstellungen in Bautzen gezeigt wurden. Die Daten der Tabelle 26 belegen aber auch, und dies erscheint besonders wichtig, daß, wie in der ganzen ehemaligen DDR (Statistisches Taschenbuch 1988 S. 130), sich Ausstellungsbesuche unter den deutschen und sorbischen Einwohnern durchaus großer Beliebtheit erfreuen. Die unter dem Durchschnitt liegenden Werte in Turnow, Trebendorf und Zeißig bestätigten weiter oben dargestellte Problematik des territorialen Defizits im kulturellen Angebot nun auch hinsichtlich des Ausstellungsangebotes.

Massenmedien als Komponente der sorbischen Kultur

Im kulturellen Leben nehmen Massenmedien, vor allem elektronische Medien wie Fernsehen, Rundfunk und Wiedergabetechniken, einen bedeutenden Platz ein. Das Fernsehen gehört für viele Menschen zur wichtigsten Form, die Freizeit zu verbringen. Fernsehen rangierte auch bei den Freizeitbeschäftigungen der deutschen und sorbischen ländlichen Bewohner mit 67 bzw. 69 Prozent an zweiter Stelle nach der Betätigung in Haus, Hof und Garten. Der Empfang von Rundfunksendungen nimmt in der kulturellen Betätigung einen stabilen Platz ein. Aber auch Zeitungen und Zeitschriften sind als Mittel der Befriedigung kultureller Bedürfnisse wesentlich an der Sozialisation beteiligt.

Die Bedeutung der Medien für die Befriedigung der kulturellen Bedürfnisse wirft natürlich auch die Frage nach der ethnokulturellen Ausstrahlung der Medien für kleine nationale Gemeinschaften auf. Sie soll hier unter zwei Aspekten erörtert werden. Zum einen geht es um die Rolle der Massenmedien bei der Vermittlung ethnorelevanter Informationen und im ethnointegrierenden Informationsgefüge, zum anderen soll der Frage nachgegangen werden, welchen Einfluß die Nutzung der Medien auf die ethnischen Funktionen der Kultur insgesamt ausübt.

Das System der ethnorelevanten Informationen und der Informationsvermittlung bildet in jeder ethnosozialen Gemeinschaft eine wesentliche Existenz- und Entwicklungsgrundlage (Arutjunov - Tscheboksarowa 1972). Dabei handelt es sich sowohl um Informationsprozesse von Generation zu Generation wie auch innerhalb einer Generation; um Informationen über die eigene Gemeinschaft wie auch über andere. Dieses Informationssystem bildet einen Teil der nationalen Kultur und die Informationsprozesse sind ethnokulturelle Prozesse. In der Entwicklung haben sich hinsichtlich der Formen der Weitergabe von Informationen als auch der Informationen selbst ständig qualitative und quantitative Veränderungen vollzogen. Unter den heutigen Bedingungen moderner elektronischer Medien sind diese Prozesse in eine neue Qualität umgeschlagen. In der Tendenz verringert sich dabei zwangsläufig der Umfang derjenigen Informationen über die eigene nationale Gemeinschaft gegenüber national indifferenten Informationen aus Naturwissenschaft und Technik bzw. Erzeugnissen der »Massenkultur« und Informationen über andere nationale Gemeinschaften. Damit werden bestehende Barrieren

Tabelle 28
Nutzung der deutschen Sprache durch Sorben in verschiedenen Kommunikationsbereichen (nach Subregionen, in Prozent zur Gesamtzahl der Sorben der jeweiligen Region, gerundet)

Gemeinden	Kommunikationsbereich		
	Familie	Betrieb	sorbische Bekannte
Turnow	70	85	49
Malschwitz	78	87	42
Trebendorf, Zeißig	74	92	63
Rosenthal	5	29	2

zwischen den nationalen Organismen abgebaut bzw. verschoben. Für assoziierte Gemeinschaften hat dies zur Folge, daß das ihnen eigene Informationssystem unter günstigsten Bedingungen qualitativ dem Niveau des Informationssystems der assoziierenden Nation entspricht (was den »Idealfall« darstellen würde), der Gesamtumfang der ethnisch neutralen bzw. andersethnischen Informationen aber in jedem Falle überwiegt (Arutjunow 1986 S. 63). Für assoziierte nationale Gemeinschaften haben diese Prozesse des weiteren auch zur Folge, daß sich die Rolle der eigenen Sprache in den Kommunikationsprozessen gegenüber der Sprache der zwischennationalen Kommunikation nicht nur verringert, sondern letztere in bedeutendem Maße auch zum Mittel der Kommunikation in dieser Gemeinschaft werden kann und damit die Minderheitensprache ihre ethnointegrierende Funktion teilweise verliert (siehe Tab. 28).
Mit der Erweiterung des Informationspotentials erhöht sich auch die Bedeutung der Sensibilität für die kulturellen Prozesse, die an der Ausprägung der nationalen Identität beteiligt sind. Die Informationsvielfalt erhöht das Erfordernis und Bedürfnis, sich zu orientieren, bestimmte Fixpunkte zu suchen, die für die eigene Identitätsgewinnung maßgeblich sind. Nicht zuletzt daraus erklärt sich, daß gleichzeitig mit den gewaltigen Veränderungen in der Struktur und dem Potential der Massenmedien eine Wiederbesinnung auf Traditionen und auf das kulturelle Erbe sowie die Zunahme der Bedeutung unmittelbarer Kommunikation verbunden sind. Andererseits können und werden in einer solchen Situation als stabil angesehene Werte rascher in Frage gestellt und verworfen.
Aus bisher Gesagtem ergibt sich die Fragestellung, in welcher Weise die hier genannten Prozesse die Kulturentwicklung der Sorben in der Gegenwart beeinflussen und welche Auswirkungen sie auf die Gestaltung der Nationalitätenpolitik haben. Auf die Notwendigkeit, sich diesen Problemen in der sorbischen Kultur und in der Arbeit der Domowina stärker zuzuwenden,

verwies Kasper bereits 1981. »Beachten müssen wir auch die verbreitete Wirkung der Massenkommunikationsmittel. Besonders der Einfluß des gedruckten Wortes, des Rundfunks, Films und des Fernsehens wächst. Diese Entwicklung schreitet schnell voran und wirft uns tagtäglich neue Fragen auf. Auf sie können wir nicht mit Selbstzufriedenheit und Routine antworten« (Kasper 1981 S. 225).

Das sorbische Pressewesen kann auf eine mehr als 200jährige Geschichte zurückblicken. Vor allem im Ergebnis der bürgerlichen nationalen Bewegung im 19. Jahrhundert konnte sie sich in einem Maße entfalten, welches den realen Rezeptionspotentialen in der Oberlausitz nahe kam. In der Niederlausitz dagegen bestanden von Anfang an infolge der preußischen Germanisierungs- und Unterdrückungspolitik nur bescheidene Möglichkeiten für die Herausgabe und Verbreitung sorbischer Zeitungen oder Zeitschriften. Seit 1933 war auch die sorbische Presse der faschistischen Gleichschaltungspolitik ausgesetzt und wurde 1937 verboten. Mit der Herausgabe der »Nowa Doba« 1947 begann sie sich wieder neu zu beleben. In der zum Zeitpunkt der Befragung bestehenden Struktur bestand sie seit Beginn der 70er Jahre (Völkel 1984 S. 172). Nicht unerwähnt kann bleiben, daß auch die sorbische nichtkonfessionellen Medien der kommunistischen ideologischen Ausrichtung unterworfen waren. Dies äußerte sich im Laufe der Zeit sehr unterschiedlich, nur vereinzelt kamen - so in den 50er Jahren - auch Autoren zu Wort, die die eine oder andere Erscheinung des sozialistischen Aufbaus aus der Sicht der nationalen Perspektive der Sorben kritisch beleuchteten. Für die Verbreitung der sorbischen Printmedien war allerdings die ideologische Komponente weniger ausschlaggebend (auch wenn das von den Chefredakteuren wunsch- und erwartungsgemäß anders dargestellt worden ist). Die »Nowa doba« wurde nicht gelesen, weil sie eine sozialistische, sondern weil sie eine sorbische Heimatzeitung war. Dies belegen letztlich auch die Interessenstrukturen der Leser aus dem Jahre 1987, die an anderer Stelle ausgewertet werden. 1987 erschienen die »Nowa Doba« als Tageszeitung, die Samstagsausgabe der »Nowa Doba« mit der Beilage »Předźenak«, die separat bezogen werden konnte, die niedersorbische Wochenzeitung »Nowy Casnik« sowie je eine nieder- und obersorbische Kinderzeitschrift, die kulturpolitische Zeitschrift »Rozhlad«, für Pädagogen das Fachorgan »Serbska šula« (Sorbische Schule) und für religiös gebundene Bürger der zweimal im Monat erscheinende »Katolski Posoł« und die evangelische Monatsschrift »Pomhaj Bóh«. Das Fehlen einer speziellen Zeitschrift für Jugendliche konnte durch monatliche Jugendseiten in der »Nowa Doba« (»Předźenak«) bei weitem nicht vollständig ausgeglichen werden.

Im Bereich der elektronischen Medien bestanden seit 1948 sorbische Redaktionen beim Rundfunk der ehemaligen DDR (1946 - 1948 strahlten Rundfunksender der ČSR bereits sorbische Sendungen aus). Zum Zeitpunkt der Erhebung wurden 180 Sendeminuten an den Werktagen von 9.30 Uhr bis 10.00 Uhr ausgestrahlt, an Sonntagen 130 Minuten zur Mittagszeit. Im Oktober 1989 wurde werktags ein sorbisches Frühprogramm in der Zeit von 5.30 Uhr bis 7.00 Uhr eingeführt, so daß sich die wöchentliche Sendezeit mehr als verdoppelte. Eine weitere Verlängerung der sorbischen Rundfunksendungen an Werktagen erfolgte ab Februar 1990. Nun wird das sorbische Frühprogramm von 5.00 Uhr bis 8.00 Uhr gesendet, und in der Zeit von 12.00 bis 13.00 Uhr werden niedersorbische Sendungen ausgestrahlt. Damit haben sich die qualitativen und quantitativen Bedingungen des sorbischen Rundfunks gegenüber 1987 entscheidend verbessert. Sorbischsprachige Sendungen des damaligen Fernsehens der DDR gab es nicht. Die Einführung von Landessendern seit Mitte 1990 sowie die Bildung des Ostdeutschen Rundfunks Brandenburg und des Mitteldeutschen Rundfunks im Rahmen der ARD haben dazu beigetragen, daß nunmehr häufiger auch Nachrichten über die Sorben ausgestrahlt werden. Darüber hinaus begann der Ostdeutsche Rundfunk Brandenburg am 19. April 1992 mit der Ausstrahlung von niedersorbischen Fernsehsendungen.

Ausgehend von der Entwicklung im Bereich der Medien und der damit verbundenen zunehmenden Rolle vor allem der elektronischen Massenmedien für die Befriedigung einer ganzen Reihe von kulturellen Bedürfnissen, muß hinsichtlich der sorbischen Kultur eingeschätzt werden, daß den realen Bedürfnissen der Sorben zum Erhebungszeitraum 1987 nicht entsprochen wurde. Dies ergab sich aus dem Fehlen sorbischer Fernsehsendungen wie auch aus den damals noch begrenzten Möglichkeiten des sorbischen Rundfunks. Vor allem die im Untersuchungszeitraum und bis September 1989 ungünstigen Sendezeiten an den Wochentagen von lediglich 30 Minuten standen der Realisierung objektiver Kommunikationsfunktionen entgegen.

Darüber hinaus mußte festgestellt werden, daß die deutschsprachigen Medien nur sporadisch (und oftmals inhaltlich unexakt) Informationen über die Sorben verbreiteten. Sowohl Möglichkeiten für die Sorben, sich in deutscher Sprache Informationen zur Kultur und Politik der eigenen Nationalität anzueignen, als auch für die Deutschen, sich ein reales Bild über das sorbische Volk zu bilden, waren somit unzureichend.

Etwa zwei Drittel aller befragten Sorben waren Leser sorbischer Zeitungen und Zeitschriften, womit das potentielle Lesevermögen zu 79 Prozent ausgeschöpft wurde. Außerordentlich nachhaltig wirkten sich hierbei die territorialen Unterschiede in der nationalen Struktur der Bevölkerung und im Grad der Ausprägung des sorbischen nationalen Selbstbewußtseins aus. Während in Rosenthal 92,4 Prozent aller Sorben sorbische Presseerzeugnisse lasen, waren es in Turnow 21,8 Prozent, Malschwitz 53,3 Prozent, Trebendorf und Zeißig 38,7 Prozent. Auch bei Ausklammerung des differenzierten Lesevermögens wird deutlich, daß hier bedeutende kulturelle Defizite bestanden.

Die obersorbische Tageszeitung »Nowa Doba«, bis Ende 1989 Organ des Bundesvorstandes der Domowina, war zweifellos das wichtigste sorbische Presseerzeugnis der DDR-Periode. In den durch unsere Befragung erfaßten Gemeinden erreichte diese Zeitung 41 Prozent aller Sorben in der Oberlausitz und in der mittleren Lausitz, wobei ein Gefälle von Rosenthal über Malschwitz nach Zeißig und Trebendorf bestand. In der Niederlausitz wurde die »Nowa Doba« als Tageszeitung nur von Einzelpersonen gelesen.

Analysieren wir die Struktur der Leserschaft der »Nowa Doba«, ausgehend von ihrem Vermögen, in obersorbischer Sprache zu lesen, so wird deutlich, daß das Gefälle zwischen Rosenthal zu den übrigen obersorbischen Gemeinden nicht in erster Linie darauf zurückzuführen war, daß die Sorben der letzteren nicht sorbisch lesen konnten, sondern daß hier weitere Ursachen eine Rolle spielten. Während in Rosenthal nahezu zwei Drittel aller Sorben ihre Tageszeitung lasen (62 Prozent) waren es in der übrigen obersorbischen Region nur reichlich ein Fünftel (23 Prozent). Die Differenz in den Leseranteilen betrug bei Befragten unter 45 Jahren ca. 50 Prozent und nahm dann mit steigendem Alter dramatisch zu. Als wichtige Ursache wäre offensichtlich vor allem ein nur gering ausgeprägtes nationales Selbstbewußtsein der Sorben dieses Territoriums zu nennen, welches infolge der Germanisierungs- und Unterdrückungspolitik vor 1945 nachhaltig gewirkt hatte, wodurch die sorbische Sprache aus dem Alltagsleben der Menschen weitgehend verschwunden war. Die etwas höher liegenden Werte in den jüngeren Altersgruppen (hier war allerdings die Gesamtzahl der sich zur sorbischen Nationalität zählenden Personen wesentlich geringer als in den oberen Altersgruppen - 60 Prozent der Sorben des Territoriums waren über 45 Jahre, in der Gemeinde Rosenthal waren es 39 Prozent) waren offensichtlich sowohl auf die Beteiligung am Sorbischunterricht während der Schulzeit wie auch auf die zielgerichteten Bestrebungen der Domowina, vor allem junge Mitglieder in ihre Reihen zu gewinnen sowie die Abonnements sorbischer Zeitungen zu erhöhen, zurückzuführen. Weiteren Untersuchungen über einen längeren Zeitraum muß vorbehalten bleiben, zu bewerten, inwieweit hier eine gewisse Stabilisierung erreicht werden konnte. Aus der relativ geringen Zahl von Teilnehmern am Sorbischunterricht nach Erlaß der 7. Durchführungsbestimmung zum Bildungsgesetz 1964 und den sich daraus langfristig zwangsläufig ergebenden Veränderungen in den Sprachkenntnissen ist allerdings eine solche Stabilisierung wenig wahrscheinlich. Die rückläufigen Abbonentenzahlen seit der Wende in den politischen Strukturen in der ehemaligen DDR und der Einführung der Deutschen Mark weist auch darauf hin, daß ein durch »Wettbewerbsfetischismus« in der Domowina erzeugte »Wasserkopf« abgebaut wurde.

Ungeachtet genannter Widersprüche und des relativ geringen Anteils an Lesern ist dennoch die Bedeutung der sorbischen Tageszeitung auch in den Subregionen II und III nicht zu unterschätzen, da sie die Existenz der sorbischen Sprache und Kultur im Alltag der Sorben belegte und zweifelsohne die aktive Teilnahme am sorbischen Kulturleben und an der Arbeit der Domowina stimulierte.

Die Leserstruktur in Rosenthal wies insgesamt ein ausgeglicheneres Bild auf (die mittlere Abweichung im Leseranteil im Alter bis 55 Jahre betrug zwei Prozent) mit einem deutlich höherem Leseranteil bei den über 55jährigen, wo nahezu drei Viertel aller Sorben die Nowa Doba lasen. Mit zwei Dritteln aller

Lesefähigen konnte für dieses Territorium festgestellt werden, daß die sorbische Tageszeitung zu einer durchaus wichtigen Komponente des kulturellen Alltags gehörte. Wie bereits im Zusammenhang mit dem Lesen sorbischer Bücher festgestellt, wurde die sorbische Tageszeitung (und dies trifft auch für ihre Leser in den anderen Regionen zu), nicht alternativ zu deutschsprachigen Printmedien gelesen, sondern stellte eine Ergänzung zu ihnen dar. Der Anteil an Lesern, die nur die sorbische Zeitung lasen lag bei unter 3 Prozent aller Zeitungsleser und betraf zumeist ältere Bürger. Dieser Umstand hatte es der sorbischen Zeitung ermöglicht, ihr einen spezifischen Charakter als Heimat-Zeitung, die den Schwerpunkt ihrer Berichterstattung auf Probleme aus der gemischtnationalen Region ausrichtet, zu geben.

Den spezifischen Leseinteressen der Sorben wie auch den differenzierten sprachlichen Voraussetzungen entsprach die Entscheidung, die Samstagausgabe der »Nowa Doba« mit der Beilage »Předźenak« auch im separatem Abonnement zu vertreiben. Verbunden mit der Erweiterung des Umfanges der Beilage und Verbesserungen in der Druckqualität wie auch einer inhaltlichen Profilierung trug diese Beilage gewisse Züge einer sorbischen Illustrierten. Einschließlich der Leser des »Předźenak« aus den Reihen der täglichen Abonnenten der »Nowa Doba« betrug der Anteil der Leser der Wochenendausgabe in der Gemeinde Rosenthal 97 Prozent, wovon ein Drittel nur die Wochenendausgabe las. In den Gemeinden Malschwitz, Trebendorf und Zeißig betrug der Anteil der Leser des »Předźenak« 39 Prozent der entsprechenden Sorben, d.h. hier ist eine deutliche Aufwertung des Leseverhaltens festzustellen. Nahezu 44 Prozent der Leser lasen allerdings ausschließlich die Wochenendausgabe.

Zeitungen und Zeitschriften in niedersorbischer Sprache haben in der sorbischen Geschichte nie ein mit dem obersorbischen Pressewesen vergleichbares Niveau erlangt (Völkel 1984 S. 43ff). Vor allem die preußische Germanisierungspolitik und die Unterdrückung jeglicher demokratischer Bestrebungen der sorbischen nationalen Bewegung waren die Ursachen dafür. Die Folgen dieser Politik sind auch in der Gegenwart noch feststellbar. So ist der Anteil an Sorben, die in ihrer Muttersprache lesen und schreiben können, deutlich geringer als im obersorbischen Raum, und auch das nationale Selbstbewußtsein ist weniger ausgeprägt und weniger mannigfaltig strukturiert. Im sorbischen Pressewesen hat sich historisch eine deutliche Trennung von niedersorbischen und obersorbischen Publikationen durchgesetzt. Die Verwendung beider sorbischer Sprachen in einer Zeitung oder Zeitschrift bildete stets eine Ausnahme und es erfolgten auch keine Bestrebungen, eine »zweisprachig-sorbische« Presse zu entwickeln.

Zum Zeitpunkt der Komplexuntersuchung 1987 erschien in niedersorbischer Sprache das damalige Organ der Domowina »Nowy Casnik«, eine Wochenzeitung. Daneben enthielten zuweilen auch der »Rozhlad« und die pädagogische Fachzeitschrift »Serbska šula« Beiträge in niedersorbischer Sprache. Allerdings muß vermerkt werden, daß die sehr geringe Zahl der niedersorbischen Beiträge in diesen Zeitschriften in keinem Verhältnis zum potentiellen Leserkreis in der Niederlausitz stand und auch keine Bestrebungen erfolgten, durch niedersorbische Beiträge die Pflege der Sprache zu fördern. Im Gegenteil war festzustellen, daß selbst Beiträge zu niedersorbischen bzw. niederlausitzer Problemen - selbst über die Entwicklung der niedersorbischen Literatur - in Obersorbisch veröffentlicht wurden. So wurden in den Jahren 1985 und 1986 im »Rozhlad« lediglich zwei niedersorbische Nachdichtungen von Gedichten, zwei Aufsätze und zwei Rezensionen veröffentlicht, 1986 lediglich eine Rezension. Die sorbische evangelische Zeitschrift »Pomhaj Bóh« erscheint seit Anfang 1989 zweimal jährlich mit einer niedersorbischen Ausgabe.

Entsprechend der Tatsache, daß sich der Leserkreis des »Nowy Casnik« sowohl aus Einwohnern der Niederlausitz als auch aus der Schleifer Region der Subregion III zusammensetzte, wurden beide Territorien in die Auswertung einbezogen. Danach waren 24 Prozent der Sorben regelmäßige oder gelegentliche Leser des »Nowy Casnik«, wobei zwischen den beiden untersuchten Gemeinden Trebendorf und Turnow kein nennenswerter Unterschied sowohl hinsichtlich der regelmäßigen als auch der gelegentlichen Leser festgestellt werden konnte. Zu beachten ist jedoch die Tatsache, daß in der Schleifer Region neben dem »Nowy Casnik« zuweilen auch die »Nowa Doba« und der »Předzenak« bezogen wurden (10 Prozent). Außerhalb des genannten Territoriums wurde der »Nowy Casnik« nur sehr vereinzelt gelesen.

Im Verhältnis zu den ermittelten Angaben zum Lesevermögen in niedersorbischer Sprache ergab sich, daß 57 Prozent aller Sorben mit entsprechendem Lesevermögen den »Nowy Casnik« lasen.

Ein Faktor, der diesen durchaus hohen Anteil bedingte, lag darin, daß das Angebot an niedersorbischem Schrifttum sich nahezu ausschließlich auf den wöchentlich erscheinenden »Nowy Casnik« beschränkte. D.h. er war so gut wie das einzige Mittel, in der Schule erworbene Sorbischkenntnisse zu erhalten. Dementsprechend verwunderte es nicht, daß im Alter von 26 bis 45 Jahren eine weitgehende Übereinstimmung von Lesern des »Nowy Casnik« und Befragten mit sorbischem Lesevermögenden bestand (83 Prozent). In den folgenden Jahrgängen ging dann die Zahl der Lesenden trotz vorhandenem Lesevermögen zurück, was offensichtlich auf ähnliche Ursachen zurückzuführen ist, wie in Malschwitz hinsichtlich der »Nowa Doba« (weniger aktive Mitarbeit in der Domowina und weniger wirksame Werbungsarbeit der Organisation).

Von den weiteren sorbischen Zeitschriften soll noch auf die Leserstruktur des »Rozhlad« und der beiden religiösen Zeitschriften eingegangen werden. Der »Rozhlad« als Zeitschrift für sorbische Kultur richtete sich an alle Interessenten für die sorbische Kultur, vor allem an Funktionäre der Domowina und kulturell Tätige sowie an die sorbische Intelligenz. Diesen Leserkreis fand die Zeitschrift vor allem, nicht zuletzt auch auf Grund der Dominanz obersorbischer Beiträge und von Beiträgen zu Fragen der Geschichte und Kultur in der obersorbischen Lausitz, im Kamenzer und Bautzener Raum des gemischtnationalen Gebietes. In diesem waren mit 33 Personen 70,2 Prozent aller »Rozhlad«-Leser konzentriert. In Trebendorf und Zeißig waren 11 Befragte Leser des »Rozhlad« und in Turnow drei. Der sozialen Stellung nach waren 27 der 47 Leser Angestellte, je sechs waren Bauern bzw. Arbeiter, fünf waren Rentner, zwei sind der Kategorie »Sonstige« zuzuordnen, ein Leser aus Rosenthal war zum Zeitpunkt der Erhebung Selbständiger.

Die Verbreitung der beiden kirchlichen sorbischsprachigen Zeitschriften entsprach den konfessionellen Strukturen der Regionen. 98 Prozent der bei der Befragung ermittelten Leser des »Katolski Posoł« waren aus Rosenthal. In Bezug auf die Altersstruktur der Leser des »Katolski Posoł« gab es zum durchschnittlichen Leseranteil bei den übrigen Zeitungen und Zeitschriften keine nennenswerten Abweichungen, jedoch ist die Leseintensität bei älteren Sorben höher. Die evangelische sorbische Zeitschrift »Pomhaj Bóh« hatte ihren traditionellen Verbreitungsraum gleichfalls in der obersorbischen Region, wo sie 98 Prozent aller Leser fand, darunter auch im katholischen Teil der Oberlausitz. Insgesamt gaben 10 Prozent der Sorben der Oberlausitzer Untersuchungsgemeinden (Malschwitz 19 Prozent, Rosenthal 10 Prozent und Zeißig vier Prozent) an, Leser des »Pomhaj Bóh« zu sein.

Ein Bestandteil der Erhebungen der Komplexforschung 1987 war auch eine Analyse der Leseinteressen der Sorben in der »Nowa Doba« und im »Nowy Casnik«. Als damaliges Organ des Bundesvorstandes der Domowina (seit Ende 1989 mit dem Untertitel »Zeitung der Domowina« und seit September 1990 ohne Angabe eines Herausgebers im Impressum mit dem Untertitel »Serbske Nowiny [Sorbische Zeitung]« versehen) und sorbische Heimatzeitung ringt sie, seit 1. 1. 1991 offiziell in »Serbske Nowiny« umbenannt, ebenso wie der »Nowy Casnik« darum, das Profil den differenzierten Interessen aber auch Lesefertigkeiten der Sorben anzupassen. Dabei ist auch zu berücksichtigen, daß die »Nowa Doba« für die überwiegende Mehrzahl aller Leser eine Zweit- oder Dritt-Zeitung war, d.h. Bedürfnisse nach aktuellpolitischen Informationen überwiegend aus deutschsprachigen Zeitungen befriedigt wurden. Aus dieser Sicht ist die Weiterführung als Tageszeitung durchaus nicht unumstritten, zumal seit dem Wegfall von Subventionen und der Einführung der Marktwirtschaft auch neue und schwerwiegende ökonomische Probleme zu lösen sind.

Die Leser der »Nowa Doba« und des »Nowy Casnik« gaben 1987 folgende Rangfolge ihrer Leseinteressen an (Tabelle 29) - auf Grund der relativ geringen Leserzahl und vergleichbarer Interessenstrukturen sind die Werte der Gemeinden Malschwitz, Trebendorf, Turnow und Zeißig zusammengefaßt.

Aus der Übersicht geht hervor, in welch großem Maße die Leseinteressen aller Leser der »Nowa Doba«, unabhängig von der nationalen Situation in den Subregionen, übereinstimmten. Lediglich im Falle der Interessensgebiete Domowinaleben und Kulturinformationen sind die Rangplätze ausgetauscht,

Tab. 29
Rangfolge der Leseinteressen in der »Nowa doba« bzw. im »Nowy Casnik«

Rang	Malschwitz, Trebendorf, Turnow, Zeißig	Rosenthal
1	Informationen zur engeren Heimat	
2	Domowinaleben	Kulturinformationen
3	Kulturinformationen	Domowinaleben
4	Menschen unserer Zeit	
5	Sportbeiträge	
6	sorbische Geschichte	
7	Aktuelle Politik	
8	Fortsetzungsromane	

was offensichtlich auf die größere Konzentration des Leserkreises in den Gemeinden Malschwitz, Trebendorf, Turnow und Zeißig auf Domowinamitglieder und -funktionäre und den höheren Stellenwert der sorbischen Kultur bei der Formierung des sorbischen nationalen Selbstbewußtseins in Rosenthal zurückzuführen ist.

Von der differenzierten Altersstruktur der Leserschaft ging bemerkenswerterweise auf die Leseinteressen kein signifikanter Einfluß aus. So entsprachen die Rangplätze der Gesamtinteressenstruktur bis auf lediglich vier Ausnahmen der jeweiligen Reihenfolge in den sechs Altersgruppen jeder Gemeinde. Wir können also von einer durchaus hohen Stabilität der Leseinteressen ausgehen.

Die Rangfolge selbst bestätigt die Darlegungen zur Charakteristik der »Nowa Doba« als sorbische Heimatzeitung. Der Leser erwartet in erster Linie solche Informationen, die er in anderen Zeitungen nicht vorfindet.

Es wurde bereits darauf verwiesen, daß den elektronischen Massenmedien eine besondere Bedeutung im geistig-kulturellen Leben des Alltags auch für kleine nationale Gemeinschaften zukommt. Für die Sorben beschränkte sich dies in ihrer Muttersprache auf die Rundfunksendungen der sorbischen Redaktion bei Radio DDR, zum Zeitpunkt der Erhebung 1987 vorwiegend auf die an den Wochenenden übertragenen Sendungen. Unseres Erachtens waren die quantitativen Voraussetzungen für die Realisierung der kulturellen Funktionen des Mediums Rundfunk im sorbischen Kommunikationsbereich unzureichend, da damit weder den differenzierten Bedürfnissen und Bedingungen im Mediengebrauch wie auch sich herausgebildeten Hörgewohnheiten (bevorzugte Empfangszeiten, differenzierte Programmwünsche) entsprochen werden konnte.

Unsere Analysen unterstreichen die unersetzbare Rolle des Rundfunks und damit die große kulturpolitische Bedeutung der 1988/89 realisierten Erwei-

Tab. 30
**Sorbische Hörer des sorbischen Rundfunks nach Alter und Region
(in Prozent zur Gesamtzahl der Sorben der Altersgruppe)**

Altersgruppe	Turnow	Malschwitz	Trebendorf Zeißig	Rosenthal
16–25 Jahre	25,0	66,7	67,6	92,2
26–35 Jahre	30,0	–	75,0	97,2
36–45 Jahre	100,0	60,0	87,5	100,0
46–55 Jahre	71,4	100,0	96,8	100,0
56–65 Jahre	92,3	92,9	81,3	96,4
66 Jahre und älter	78,6	69,2	81,3	95,7

terungen des Sendeumfanges und der Verlagerung der Sendezeiten auf die Morgenstunden. So waren 1987 89 Prozent aller Sorben ständige oder gelegentliche Hörer des sorbischen Rundfunks. In Rosenthal empfing faktisch jeder Sorbe die Rundfunksendungen in seiner Muttersprache. Mit 75 Prozent erreichen auch die übrigen Gemeinden Höchstwerte, bei allerdings größerer altersmäßiger und territorialer Differenziertheit (vgl. Tab 30). Mit zunehmender Entfernung von der Subregion IV nahm der Höreranteil rasch ab. In Turnow in der Niederlausitz waren nur noch zwei Drittel der Sorben Hörer des sorbischen Rundfunks. Diese territoriale Differenziertheit entsprach wiederum den bereits dargelegten Ursachen und Erscheinungen in anderen Bereichen der sorbischen Kultur.

Hinsichtlich der Altersstruktur der Hörer ließ sich folgendes feststellen. Für Rosenthal galt, daß die Zusammensetzung der Hörerschaft weitgehend die demographische Struktur der Region widerspiegelte, d.h. vom Alter gingen keine relevanten Einflüsse aus. Anders dagegen in den übrigen untersuchten Gemeinden, wo in den beiden unteren Altersgruppen (16 bis 25 und 26 bis 35jährige) jeweils 39 Prozent der Sorben keinen sorbischen Rundfunk hörten. Das lag erheblich über dem Anteil, den diese Gruppen in der Altersstruktur insgesamt einnahmen (30 Prozent). In den weiteren Altersgruppen rezipierte jeweils weniger als ein Viertel der Sorben diese Rundfunksendungen nicht (insgesamt von allen über 36jährigen nur 19 Prozent). In den beiden unteren Altersgruppen war auch ein deutlicher Unterschied zu den höheren hinsichtlich des Verhältnisses von regelmäßigen und gelegentlichen Hörern festzustellen. In beiden hörten 12 Prozent, in den zwei folgenden 22 Prozent und von den über 55jährigen 30 Prozent der befragten Sorben den sorbischen Rundfunk regelmäßig. In Rosenthal überwogen nur in der Gruppe der 16 bis 25jährigen leicht die gelegentlichen Hörer (54 Prozent), in allen folgenden Altersgruppen waren mehr als 60 Prozent der Befragten regelmäßige Hörer.

Die hier genannten Fakten sind umso bedeutungsvoller, da das Hören von

Tab. 31
Sorbische Hörer sorbischen Rundfunks nach sozialer Zugehörigkeit
(in Prozent zur Gesamtzahl der Angehörigen der Gruppe)

soziale Gruppe	Turnow	Subregion Malschwitz	Trebendorf Zeißig	Rosenthal
Arbeiter	47,4	75,0	69,6	97,7
Angestellte	66,6	80,0	85,8	98,5
Bauern	81,8	100,0	90,0	98,5
Rentner	81,2	81,2	81,2	100,0
Sonstige	66,7	75,0	65,0	100,0

Rundfunksendungen bei jüngeren Menschen bekanntlich bei der Freizeitgestaltung eine beachtliche Rolle spielt. Die Struktur der sorbischen Sendungen, ihre zeitliche Lage und vor allem das Musikangebot waren offensichtlich Grund dafür, daß 1987 verhältnismäßig wenige Jugendliche den sorbischen Rundfunk empfingen. Nach diesen Gesichtspunkten betrachtet erscheinen die gewonnenen Daten sogar hoch.

Wie auch bei den anderen Komponenten der sorbischen Kultur, wo für das Rezeptionsverhalten zwischen den sozialen Gruppierungen keine nennenswerten Differenzen festgestellt werden konnten, gab es bezüglich des Empfangs sorbischer Rundfunksendungen keine gravierenden Unterschiede. Auffällig war lediglich die relativ große Differenz bei den Arbeitern und Angestellten von Turnow gegenüber denen der übrigen Gemeinden.

Zur Beurteilung der thematischen Interessen am sorbischen Rundfunk wurden den Hörern Fragen zu einer möglichen Neugestaltung der Sendungen gestellt. Den Befragten wurden sechs Varianten zur Auswahl vorgegeben. Folgende Interessenstruktur am sorbischen Rundfunk wird daraus ersichtlich:

1. Änderungen an der Programmgestaltung hielten 1987 lediglich 11 Prozent der Hörer nicht für erforderlich. Dabei war der entsprechende Anteil aus den Gemeinden Malschwitz, Trebendorf, Turnow und Zeißig mit zusammen 17 Prozent gegenüber sieben Prozent in Rosenthal deutlich höher. Eine Ursache dafür lag in der Altersstruktur der Hörer, vor allem im geringeren Anteil an Jugendlichen, die vor allem an Programmänderungen interessiert wären. Weiterhin wirkte sich hier, wie auch bei anderen Formen der Rezeption sorbischer Kultur beobachtet, der Grad der Ausprägung und die Struktur des nationalen Selbstbewußtseins aus. Sorben mit geringerer Intensität des nationalen Selbstbewußtseins in diesen Gemeinden erhoben nicht nur geringere Ansprüche an den sorbischen Rundfunk, sondern sie wechselten auch eher zu den Nichthörern über.

Tab. 32
Änderungswünsche im sorbischen Rundfunk
(in Prozent nach Regionen)

Sendebeitrag der erweitert werden sollte	Subregion							
	I		II		III		IV	
	%	Rang	%	Rang	%	Rang	%	Rang
Volksmusik	25,0	2	55,6	1	42,3	1	58,5	1
Gespräche, Interviews	27,8	1	16,7	2	23,9	3	49,9	2
Unterhaltungsmusik	5,6	5	16,7	2	16,9	4	49,1	3
Hörspiele	13,9	4	13,9	5	6,3	6	29,6	4
Sinfonische Musik	2,8	6	16,7	2	7,7	5	11,9	6
Literatursendungen	2,8	6	8,3	6	2,8	7	12,1	5
Keine Änderungen erforderlich	16,7	3	2,8	7	20,4	2	7,3	7

2. In den Vorstellungen zu möglichen Veränderungen des Programmangebotes ergab sich die in Tabelle 32 dargestellte Struktur. Dabei war zunächst eine durchaus bemerkenswerte Übereinstimmung in den Hörinteressen festzustellen. Die Tatsache, daß sorbische Volksmusik einen so deutlichen Spitzen-platz einnahm, ist vor allem darauf zurückzuführen, daß sie in den unter-suchten Gemeinden der Subregionen I bis III in fünf der sechs Altersgruppen dominierte und einmal den zweiten Rangplatz belegte. Das heißt, in diesen beiden Regionen dominierte das Interesse an der Volksmusik besonders stark und lediglich die 26 bis 35jährigen hielten eine Erweiterung des Unterhaltungsmusikangebotes für erforderlich. In der Subregion III nahm die Volksmusik in zwei Altersgruppen (46 bis 55 und 56 bis 65 Jahre) den ersten Rangplatz ein. Demgegenüber entschieden sich die 16 bis 35jährigen für mehr Unterhaltungsmusik und die über 65jährigen für mehr Wortbeiträge in Form von Interviews und Reportagen. Auf Grund der differenzierteren und meistenteils geringeren sorbischen Sprachkenntnisse nahm das Interesse an Hörspielen und literarischen Sendebeiträgen in Malschwitz, Trebendorf, Turnow und Zeißig etwas niedrigere Rangplätze ein. Bemerkt werden muß, daß Änderungswünsche hinsichtlich dieser Beiträge generell nur in geringer Häufigkeit geäußert wurden.
Wenn lediglich 20,4 Prozent (Trebendorf und Zeißig), 16,7 Prozent (Turnow), 7,3 Prozent (Rosenthal) und 2,8 Prozent (Malschwitz) der sorbischen Rundfunkhörer keine Veränderungen der inhaltlichen Gestaltung der Sendungen für erforderlich hielten, schien dies im Widerspruch zur bereits sehr hohen Hörerquote zu stehen. Tatsächlich handelte es sich jedoch darum, daß hier quantitative Erwartungen des jeweiligen Interessengebietes zum Ausdruck gebracht wurden, die durchaus nicht zu Lasten anderer

Tab. 33
Sendungen des Fernsehens der DDR mit Beiträgen zur sorbischen Geschichte und Kultur

(Angaben zusammengestellt von Herrn W. Jentsch, Mitarbeiter des ehemaligen MdI, Abteilung Sorbenfragen)

Jahr	Aktuelle Politik	Kulturbeiträge	Kinderprogramme	Sonstige Beiträge	Produktionen der sorbischen Filmgruppe
1985	12	3	3	9	3
1986	22 [x]	5	3	2	0

[x] alle Sendungen der Bezirksredaktionen aus dem gemischtnationalen Gebiet

Gebiete, d.h. also durch Erweiterungen der Sendezeiten, realisiert werden sollten. Generell war die Zufriedenheit mit dem 1987 gegebenen zeitlichen Angebot des sorbischen Rundfunks also differenziert entwickelt. Nur etwa ein Drittel war der Auffassung, daß der Sendeumfang ausreichend sei. Eine solche Meinung vertraten 31 Prozent der Sorben in Rosenthal und 40 Prozent in den übrigen Gemeinden, 16 Prozent hielten das Angebot für nicht ausreichend. In Rosenthal, wo faktisch jeder Sorbe sorbische Rundfunksendungen empfängt, waren 58 Prozent der Auffassung, daß der Umfang der Sendungen erweitert werden sollte. Diesen Werten kommt man auch in den anderen Gemeinden nahe, wenn man der Berechnung die tatsächlichen Hörer des sorbischen Rundfunks zu Grunde legt. Danach waren 45 Prozent der Auffassung, die Sendezeiten reichen aus, 55 Prozent hielten eine Erweiterung für erforderlich.

Da es keine speziellen Fernsehsendungen für sorbische Bürger gab, bestand ein durchaus großes Bedürfnis bei den Sorben wie auch bei vielen deutschen Einwohnern, in verschiedensten Sendungen des Fernsehens der damaligen DDR über das aktuelle Leben in der Lausitz und über die Geschichte und Kultur der Sorben informiert zu werden. Nach Analysen der Abteilung Sorbenfragen beim ehemaligen Ministerium des Inneren wurden in den Jahren 1985 und 1986 62 Beiträge mit sorbischer Problematik ausgestrahlt (vgl. Tab 33).

Aus der Einsicht in die Tatsache, daß das Fernsehen zur bedeutendsten Form der alltäglichen kulturellen Betätigung und der Vermittlung und Gewinnung von Informationen gehörte, war das 1987 praktizierte System der Einbindung der sorbischen Problematik wie auch der Umfang entsprechender Beiträge als völlig unzureichend einzuschätzen. Vor allem fehlte die Einbeziehung der sorbischen Problematik in die regelmäßige alltägliche Berichterstattung, was dazu führte, daß das Leben der Sorben im Fernsehen der DDR oft einseitig auf Kultur bzw. Volkskultur bezogen erschien. Diese Problematik widerspiegelte sich auch bei den Erhebungsergebnissen der Komplexforschung 1987. Danach werteten 85 Prozent der Sorben in der Gemeinde Rosenthal und 56 Prozent der Sorben in den Gemeinden Malschwitz, Trebendorf, Turnow und Zeißig das Angebot des Fernsehens zur sorbischen Kultur als unzureichend. Lediglich sechs Prozent in Rosenthal und 11 Prozent in den übrigen Untersuchungsgemeinden hielten das Angebot für ausreichend. Die übrigen gaben »Ich weiß nicht« zur Antwort, wobei es sich meistenteils um Personen handelte, die auch die sorbischen Medien sehr wenig oder gar nicht nutzten. Je intensiver vorhandene Medienangebote zur sorbischen Kultur angenommen wurden, umso größer waren auch die entsprechenden Erwartungen an das Fernsehen. So hielten beispielsweise in den Gemeinden Malschwitz, Trebendorf, Turnow und Zeißig 78 Prozent der Leser sorbischer Presseerzeugnisse das Fernsehangebot für nicht ausreichend, dagegen waren es bei den Sorben, die keine sorbischen Zeitungen und Zeitschriften rezipierten immerhin 42 Prozent. Die gleiche Tendenz war auch bei den Hörern sorbischer Rundfunksendungen und bei den Besuchern sorbischer Kulturveranstaltungen festzustellen.

Intensität der Teilnahme am sorbischen Kulturleben und nationales Selbstbewußtsein der Sorben

In der Komplexforschung 1987 wurden den Befragten für die Bestimmung ihrer nationalen Zugehörigkeit die Auswahlmöglichkeiten Deutsch, Deutsch/Sorbisch und Sorbisch angeboten. Bei der generellen Auswertung der Erhebungsdaten wurden aus im Abschnitt »Zur sozialen, ethnischen und demographischen Struktur der sorbischen nationalen Gemeinschaft« dargelegten Erwägungen als Sorben alle Befragten mit den Angaben der Nationalität Sorbisch und Deutsch/Sorbisch angesprochen. Wie alle nachfolgenden Auswertungen belegen, hat sich diese Herangehensweise als real und aussagekräftig erwiesen, weil sie den differenzierten Bedingungen des deutsch-sorbischen Gebietes entsprach und das nationale Selbstbekenntnis in Beziehung zu anderen objektiven Komponenten der nationalen Zugehörigkeit relativierte. Nationale Herkunft (Nationalität der Eltern), Muttersprache, sorbische Sprachkenntnisse und kulturelle und politische Komponenten dieser Befragtengruppe als Ganzes wiesen in der Tendenz deutlich ausgeprägte eigene Charakteristika auf. Dies widerspiegelte sich nicht zuletzt in der globalen Kennziffer zur Bewertung der Intensität der Teilnahme am sorbischen geistig-kulturellen Leben K. Zugleich ist die Abstufung im Selbstbekenntnis zwischen Sorbisch und Deutsch/Sorbisch durchaus als ein Moment der unterschiedlichen Intensität der Ausprägung der Ethnizität zu werten, die sich auch in einer differenzierten, sowohl von den Deutschen als auch den übrigen Sorben unterscheidenden, Intensität der Integration in das sorbische Kulturleben niederschlug (vgl. Tab. 34).

Während unter den deutschen Befragten lediglich 11,4 Prozent eine hohe oder mittlere Intensität (K>1) aufwiesen, war es bei den Befragten mit doppeltem nationalen Bekenntnis mit 45,8 Prozent das vierfache. Ebenso deutlich unterschieden sich die Anteile bei den Befragten, die nicht in das sorbische kulturelle Leben integriert waren (K=0). Dabei konnte festgestellt werden, daß faktisch zwischen den Befragten mit doppeltem nationalen Bekenntnis und den übrigen Sorben keine nennenswerten Abweichungen bestanden, während ein Drittel aller Deutschen am sorbischen geistig-kulturellen Leben nicht teilnahm.

Das differenzierte Verhältnis der Intensität der Teilnahme am sorbischen Kulturleben zwischen Sorben mit stabilem und weniger stabilem nationalen Selbstbekenntnis, vor allem die sich deutlich unterscheidenden Werte bei

Tab. 34
K nach individueller Bestimmung der nationaler Zugehörigkeit

K	Bestimmung der nationalen Zugehörigkeit		
	Sorbisch	Deutsch/Sorbisch	Deutsch
3	53,7	20,9	2,6
2	27,9	24,9	8,9
1	15,4	48,8	54,5
0	3,0	5,4	34,0

K=1 und K<1 brachte nicht zuletzt zum Ausdruck, daß zwischen dem nationalen Selbstbewußtsein und der Teilnahme am Kulturleben ein wechselseitiger Zusammenhang besteht, der offensichtlich stärker in Richtung nationales Selbstbewußtsein → Kulturintensität wirkt, als umgekehrt. Insgesamt kann davon ausgegangen werden, daß die Intensität der Einbindung in das sorbische Kulturleben ein wesentlicher Faktor für die Stabilität des nationalen Selbstbewußtseins für die Ethnizität der Sorben war.

In der Komplexforschung 1987 wurden nach Indikatoren gefragt, die die Rolle einzelner Komponenten bei der Bestimmung des nationalen Selbstbewußtseins widerspiegelten. Die Antworthäufigkeit (insgesamt der befragten Sorben wie auch die Anzahl der angegebenen Komponenten - 2,2 Antworten je sorbische Einwohner) war in der Gemeinde Rosenthal jeweils am höchsten und betrug 2,6. In den Gemeinden Turnow und Malschwitz, mit dem geringsten sorbischen Bevölkerungsanteil, wurden jeweils 1,7 und in Trebendorf und Zeißig 1,4 Antworten je sorbischer Befragter gegeben.

Aus der Sicht unserer Fragestellung sind nachfolgende Aussagen aus der Tabelle 35 von Bedeutung: Die sorbische Sprache spielte in allen Regionen eine entscheidende Rolle, wenn auch nicht der deutliche Unterschied zwischen Rosenthal zu den anderen Territorien übersehen werden kann. Die höheren Werte in Malschwitz müssen dahingehend relativiert betrachtet werden, daß sich die Altersstruktur der sorbischen Bevölkerung in dieser Gemeinde wesentlich von der der Gemeinden Trebendorf, Turnow und Zeißig unterschied und in den höheren Altersgruppen die sorbische Sprache als Merkmal sorbischer Ethnizität generell höher bewertet wurde.

Wie aus der Tabelle 35 weiter ersichtlich, nahm die traditionelle Volkskultur einen durchaus bedeutenden Platz bei der Bestimmung der nationalen Identität ein. Dies resultierte nicht zuletzt aus der Tatsache, daß in allen Regionen sorbische Traditionen und Bräuche, zum Teil in sehr unterschiedlichem Ausmaße, gepflegt wurden. Es muß aber auch beachtet werden, daß die zunehmende Vielfalt kultureller Bedürfnisse und die Verlagerung eines wachsenden Teils ihrer Befriedigung auf die elektronischen Medien der ethnointegrierenden Rolle des Brauchtums Grenzen setzt.

Tab. 35
Rangfolge von Strukturkomponenten des nationalen Selbstbewußtseins (nach prozentualem Anteil zur Gesamtzahl der Sorben der jeweiligen Subregion und nach Rangplatz)

	Turnow Anteil/Rang	Malschwitz Anteil/Rang	Trebendorf/ Zeißig Anteil/Rang	Rosenthal Anteil/Rang
Sitten, Bräuche	54,5 1	44,4 2	55,6 1	70,0 2
Sorbische Sprache	45,5 2	53,3 1	47,6 2	92,4 1
Herkunft, Geschichte	38,2 3	31,1 3	29,9 3	51,7 3
Literatur, Kunst	16,4 5	22,2 4	23,0 4	42,0 4
unbestimmtes Gefühl	18,2 4	20,0 5	14,4 5	2,1 6
anderes	– –	– –	1,1 6	2,6 5

Die professionelle Kunst und Literatur nahm mit einem Anteil von etwa einem Fünftel (Subregionen I und II) und ca. zwei Fünfteln (Subregion III) den vierten bzw. dritten Rangplatz ein. Auch hier ist wieder der Einfluß der Differenziertheit des sorbischen Kulturangebots zu beachten. Wenn festgestellt worden ist, daß die Intensität der Teilnahme am sorbischen Kulturleben in den Subregionen I und II relativ gering war, so kann dies natürlich nicht ohne Einfluß auf die Wertung der professionellen Kultur als Identitätsmerkmal sein. Von den Befragten, die die professionelle Kultur als Merkmal der nationalen Identifikation bewerteten, wiesen in der Subregion III 98 Prozent und in den Subregionen I und II 66 Prozent eine hohe bzw. mittlere Kulturintensität auf. Lediglich ein Befragter mit K=0 gab die Kultur als Identitätsmerkmal an. Das heißt, die Förderung der Teilnahme am sorbischen kulturellen Leben ist ein durchaus wesentlicher Faktor der Stabilisierung des Stellenwertes der sorbische Kultur als ethnointegrierendes Merkmal.

Ein weiteres, nur langfristig lösbares Problem besteht in den Strukturen des kulturellen Angebotes. Bedingt vor allem durch historische Ursachen besteht ein »Süd-Nord-Gefälle«. Wie in mehreren Abschnitten der Arbeit dargestellt, besteht vor allem für das ländliche Niederlausitzer Gebiet eine teilweise erhebliche Diskrepanz zwischen einem relativ bedeutenden Anteil an sorbischen Einwohnern von mehr als 15 Prozent und einem sehr geringen sorbischen Kulturangebot, welches sich im wesentlichen auf zwei bis drei Kulturveranstaltungen jährlich (Zapust, Herbstkonzerte, Theatervorstellung) beschränkt (Elle 1989c). Da auch der Rezeption sorbischer Bücher und Zeitungen oft unzureichende Lesefertigkeiten entgegenstanden, konzentrierte sich die Beschäftigung mit sorbischer Kultur überdurchschnittlich auf die Brauchtumspflege (dabei in großem Maße auch deutschsprachig). Es ist festzustellen, daß die sorbische Kultur in dieser Region nur unzureichend das ganze Spektrum ihrer möglichen nationalen Wirkungen erfaßt. Zunehmend bildet sich ein vom Selbstbewußtsein der Sorben in der Oberlausitz unterschiedlich strukturiertes Selbstbewußtsein der Niederlausitzer Sorben aus. Diesen Prozeß verdeutlichen nachfolgende Daten: Die sorbische Sprache als Komponente der nationalen Identität gaben in Turnow 47,3 Prozent der Befragten, in Rosenthal 94,3 Prozent an. Die sorbische Kultur werteten in Turnow lediglich 16,4 Prozent als Charakteristikum ihrer nationalen Zugehörigkeit, demgegenüber waren es in Rosenthal 42,9 Prozent. Die differenzierte Strukturierung des sorbischen nationalen Selbstbewußtseins widerspiegelt sich auch deutlich in der Tatsache, daß in Turnow nahezu ein Fünftel der Befragten ihre Zugehörigkeit zur sorbischen Nationalität mit einem »nicht näher zu bestimmenden Gefühl« erklärten, während diese Komponente in Rosenthal nur jeder fünfzigste angab (18,2 Prozent zu 2,1 Prozent). Die Förderung der sprachgebundenen Bereiche der Kultur erscheinen daher besonders erforderlich und angesichts der Altersstruktur der aktiven Sprachträger dringlich, ebenso die Erhöhung und Stabilisierung der Stellung von sorbischem Kulturgut in den Wertvorstellungen der Menschen. Die Ergebnisse der Komplexforschung 1987 belegen, daß dafür Voraussetzungen durchaus gegeben sind.

Zur Rezeption sorbischer Kultur durch deutsche Einwohner des gemischtnationalen Gebietes

Die sorbische Kultur ist insofern eine »offene« Kultur, als sie weder in ihrer Dynamik noch ihren Trägern und Rezipienten auf die Sorben, obwohl sie von diesen getragen wird, begrenzt ist. Diese »Offenheit« der kleinen Kultur ist sowohl Problem als auch Potenz ihrer künftigen Entwicklung. Es wirken vielfältige deutsch-sorbische kulturelle Wechselseitigkeiten, und es sind nicht zuletzt auch viele Deutsche ihre Rezipienten. Auch auf diese Weise vermag sie eine übergreifende Wirkung, die auf die Ausprägung demokratischer und durch Toleranz gekennzeichneter zwischennationaler Beziehungen gerichtet ist, auszuüben.

Im untersuchten Gebiet arbeiteten 1987 11 Prozent der deutschen Berufstätigen mit Sorben zusammen, waren 72 Prozent aller Träger ehrenamtlicher gesellschaftlicher Funktionen in den Betrieben Deutsche und 28 Prozent Sorben. In den betreffenden gemischtnationalen Dörfern mit einem durchschnittlichen Anteil von 65 Prozent deutschen und 35 Prozent sorbischen Einwohnern waren ca. 62 Prozent der Abgeordneten bzw. anderweitig kommunalpolitisch aktiven Bürger Deutsche und 38 Prozent Sorben. Zu ihrem persönlichen Bekanntenkreis zählten 16 Prozent der Deutschen in Turnow, 9 Prozent in Malschwitz, 24 Prozent in Trebendorf und Zeißig sowie 82 Prozent in der Gemeinde Rosenthal auch sorbische Mitbürger. Dies lag allerdings bis auf Turnow in allen untersuchten Gemeinden unterhalb des jeweiligen Anteils der Sorben an der Gesamtbevölkerung. Bemerkenwert ist auch, daß in den Gemeinden Malschwitz, Turnow, Trebendorf und Zeißig 94 Prozent und in Rosenthal 100 Prozent aller deutschen Befragten über die Nationalität des Bekanntenkreises Auskunft zu geben vermochten.

Aus der differenzierten nationalen Struktur der Bevölkerung ergibt sich das Erfordernis, auf die Ausbildung solcher Beziehungen zwischen den Angehörigen beider Nationalitäten einzuwirken, die einer demokratischen Gesellschaft entsprechen.

Wesentliche Komponenten für die Sicherung zwischennationaler Beziehungen der Toleranz, gegenseitigen Unterstützung und Förderung der sorbischen nationalen Gemeinschaft sind:

1. Die praktische Sicherstellung der Wahrnehmung der Möglichkeiten der sorbischen Bevölkerung, ihre sprachlichen und kulturellen Interessen zu befriedigen.

2. Die Schaffung einer solchen öffentlichen Atmosphäre, die der sorbischen Bevölkerung die Möglichkeit sichert, ihre Kultur und Muttersprache unbedrängt zu pflegen.

Hierbei kommt der kulturellen Zusammenarbeit und der Teilnahme Deutscher am sorbischen Kulturleben eine große Bedeutung zu, weil im Bereich der Kultur neben der Sprache die spezifischen Merkmale und Interessen des sorbischen Volkes besonders ausgeprägt sind und weil die Kultur in besonderem Maße die Möglichkeit bietet, sich mit der sorbischen Nationalität bekanntzumachen.

Die Teilnahme Deutscher am sorbischen Kulturleben trägt durchaus auch dazu bei, Vorstellungen über kulturelle Werte zu diversifizieren und die eigene Kultur in größeren Zusammenhängen zu sehen. Damit stellt die Rezeption anderer Kulturen eine Bereicherung des kulturellen Lebens dar, sie vermag darüber hinaus auch dazu beizutragen, Vorbehalte gegenüber der anderen Nationalität abzubauen.

In welchem Maße die sorbische Kultur durch Deutsche tatsächlich rezipiert wird hängt von zahlreichen Faktoren ab. Vor allem die Struktur der kulturellen Bedürfnisse und die Formen ihrer Befriedigung sind dabei von Bedeutung. Im Gegensatz zum Rezeptionsverhalten der Sorben, die in einer Alternativsituation sich eher für die sorbische Kultur entscheiden, entscheidet sich ein Deutscher in einer solchen Situation meist für das deutsche Kulturangebot. Dem entspricht die Tatsache, daß auch bei vorhandenem sorbischen Sprach- bzw. Lesevermögen von Deutschen weit weniger sorbische Zeitungen und Bücher gelesen und Rundfunksendungen gehört werden.

Als wesentliche Einflußfaktoren auf das Rezeptionsverhalten konnten gemischtnationale Familien und Kontakte von Deutschen mit Sorben im Berufsleben und im dörflichen Alltag festgestellt werden. Vor allem erstere erwiesen sich als bedeutsame Stimulatoren der Teilnahme Deutscher am sorbischen Kulturleben. Das betraf in erster Linie solche kulturellen Angebote, die vorwiegend von Partnern gemeinsam rezipiert werden, so Besuche von kulturellen Veranstaltungen, Pflege von Bräuchen, Besuch von Theateraufführungen und der gemeinsame Empfang von sorbischen Rundfunksendungen. Bei vorhandenem Sprachvermögen wurden zum Teil auch sorbische Zeitungen, in seltenen Fällen auch Bücher gelesen. So wiesen Deutsche aus gemischtnationalen Familien eine deutlich höhere Intensität der Teilnahme am sorbischen Kulturleben auf, als aus deutschen Familien. Während bei letzteren lediglich 9,8 Prozent der Befragten eine hohe Intensität (K>1) der Integration in das sorbische Kulturleben erreichten und 35,5 Prozent sorbische Kultur nicht rezipierten, waren es bei den Deutschen aus gemischtnationalen Familien 24,3 Prozent bzw. 19,4 Prozent. Ähnlich wirkte auch die nationale Herkunft. Befragte aus sorbischen Elternhäusern, die einen Wechsel zur deutschen Nationalität vollzogen haben, gaben zu 28,2 Prozent K>1 an. Nicht am sorbischen Kulturleben nahmen 14 Prozent der betreffenden Befragten teil, was deutlich unter dem vergleichbaren Wert für Deutsche aus rein deutschen Elternhäusern (36,1 Prozent) lag. Ein K>1 gaben bei letzteren 9,5 Prozent der Befragten an.

Von großer Bedeutung war auch die Mitgliedschaft deutscher Einwohner in der Domowina. In den vorangegangenen Ausführungen zum kulturellen Leben der Sorben konnte bereits wiederholt auf die stimulierende Rolle der Organisation bei der Aktivierung des sorbischen Kulturlebens verwiesen werden. Die dabei getroffenen Aussagen gelten in noch stärkerem Maße für die deutschen Mitglieder.

Die Tatsache, daß zwei Drittel aller Deutschen am sorbischen Kulturleben teilnahm, belegt, daß Bikulturalität auch unter Deutschen eine verbreitete Erscheinung und somit ein allgemeines Charakteristikum des kulturellen Lebens in der Lausitz war. Die territoriale Differenziertheit dabei war nicht so ausschlaggebend, wie beim kulturellen Verhalten der Sorben, dennoch wirkten das regionale sorbische Kulturangebot, die öffentliche Atmosphäre hinsichtlich sorbischer Sprache und Kultur wie auch die konkrete nationale Struktur der Bevölkerung stimulierend bzw. hemmend auf die Ausprägung entsprechender kultureller Bedürfnisse und ihre Befriedigung.

Die Struktur der Rezeption und die Intensität der Teilnahme am sorbischen Kulturleben unterschied sich deutlich von der der Sorben. Das heißt, zwischen der Bikulturalität der Sorben und der der Deutschen bestehen qualitative Unterschiede. Seitens der Sorben stellt sie eine wesentliche Komponente ihres spezifischen kulturellen Lebensniveaus dar, da ein bedeutender Teil der kulturellen Bedürfnisse nur über die dominierende deutsche Kultur befriedigt und ein Teil der Funktionen der Kultur nur über die deutsche Kultur realisiert werden kann. Demgegenüber ist Bikulturalität unter Deutschen in erster Linie Ausdruck der Akzeptanz der objektiv gegebenen gemischtnationalen Zusammensetzung der Bevölkerung im Territorium und daraus gewonnener sachlicher, von Toleranz gekennzeichneter nationaler Beziehungen. Dies wurde sehr eindrucksvoll dadurch bestätigt, daß in allen von uns untersuchten Fällen Deutsche, die am kulturellen Leben der Sorben teilnahmen, eine aufgeschlossenere und tolerantere Haltung zu den spezifischen Interessen der Sorben einbezogen, als solche, die keinen Zugang zur sorbischen Kultur fanden. Es bleibt also festzustellen, daß sachliche und tolerante nationale Beziehungen sich durchaus nicht »automatisch« mit der formaljuristischen Sicherung der kulturellen und sprachlichen Gleichberechtigung durchsetzen.

Dominierende Form der Teilnahme am sorbischen Kulturleben durch Deutsche war der Besuch von sorbischen Kulturveranstaltungen, wobei hier wie auch bei allen anderen Rezeptionsformen gelegentliche Teilnahmen überwogen (siehe Tab. 36).

Danach war für die Besuche sorbischer Kulturveranstaltungen ein ausgesprochen ausgeglichenes Bild festzustellen. In den Altersgruppen der bis 65jährigen bestand ein nahezu konstanter Anteil von 54 Prozent bis 57 Pro-

Tab. 36
Teilnahme Deutscher am sorbischen Kulturleben (in Prozent)

Bereich	Absolut	Anteil zu deutschen Befragten %	Anteil zu allen Teilnehmern am sorbischen Kulturleben
Kulturveranstaltungen	656	53	56
Rundfunksendungen	347	28	39
Ausstellungen	186	15	48
Zeitungen/Zeitschriften	111	9	20
Theatervorstellungen	37	3	9
Bücher	25	2	10

zent, danach fiel er auf etwa 35 Prozent ab, was sich in erster Linie aus natürlichen Ursachen erklären läßt. Demgegenüber wies das Bild der sorbischen Besucher nach der Altersstruktur eine größere Dynamik auf, was auf die differenzierte Bewertung der sorbischen Kultur als nationales Gut, das differenzierte Angebot wie auch auf die regional unterschiedlichen Strukturen des sorbischen nationalen Selbstbewußtseins zurückzuführen ist. Sowohl die Stabilität als auch die große Zahl der deutschen Besucher sorbischer Kulturveranstaltungen (sie machten die Mehrheit aller Besucher aus!) stimmten mit gleichen Tendenzen, die bei Untersuchungen unter deutschen Bauern 1983 getroffen werden konnten, überein (Elle - Elle 1983 S. 204).

Hinsichtlich der Altersstruktur der deutschen Teilnehmer an den beiden meistgenannten Formen der Teilnahme am sorbischen Kulturleben (Kulturveranstaltung und Rundfunksendungen) ergab sich das nachfolgende Bild (Abb. 5).

Von den betreffenden Deutschen besuchte jeder siebente sorbische Kulturveranstaltungen regelmäßig. Es handelte sich dabei vor allem um Mitglieder der Domowina bzw. um Deutsche aus gemischtnationalen Familien. Auch dabei gab es in den Altersgruppen der bis 65 jährigen keine nennenswerten Abweichungen vom Durchschnittswert (Streuung 1,5 Prozent). In der obersten Altersgruppe sind auch in diesem Falle die größten Differenzierungen zu finden.

Hinsichtlich der Motivationen für den Besuch gab es erwartungsgemäß Unterschiede zu den Sorben. So war die relative Antworthäufigkeit geringer - 2,06 Antworten je sorbischen standen 1,58 Antworten je deutschen Besucher entgegen. Bemerkenswert ist auch der dritte Rangplatz der Variante »schwer zu sagen...« mit 29,5 Prozent. Lediglich ein Motiv - Geselligkeit - wurde von

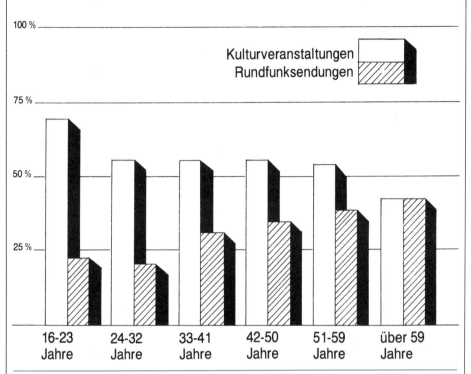

Abb. 5
Altersstruktur der deutschen Besucher sorbischer Kulturveranstaltungen und Hörer sorbischer Rundfunksendungen

mehr als der Hälfte aller deutscher Besucher gewählt (51,5 Prozent), was dem entsprechenden Wert bei den Sorben nahekam (55,1 Prozent). Das spezifische Interesse an der sorbischen Kultur - bei den Sorben auf dem ersten Rangplatz - nahm mit deutlichem Abstand zur Geselligkeit den zweiten Platz ein. Der hohe Stellenwert Geselligkeit ist durchaus als normal zu werten. Offensichtlich überlagert sich das generelle Bedürfnis danach mit den für die dörfliche Bevölkerung verhältnismäßig geringen Möglichkeiten. Das heißt, im Falle einer Erweiterung des deutschen Kulturangebotes geselligen Charakters wäre mit einer geringeren Zahl deutscher Teilnehmer an den sorbischen Veranstaltungen zu rechnen, gleichzeitig würde wahrscheinlich das Motiv »Interesse an der sorbischen Kultur« in seiner Wertigkeit steigen.

Die Tatsache, daß der überwiegende Teil der Besucher sorbischer Kulturveranstaltungen deutscher Nationalität war, kann durchaus als Ausdruck guter nationaler Beziehungen angesehen werden. Sie führte jedoch auch zu einer gewissen Beeinträchtigung des spezifisch sorbischen Charakters dieser Veranstaltungen. Dies schlug sich sehr deutlich in der relativ geringen Rolle der sorbischen Sprache in der Kommunikation der Besucher nieder, zum

Teil auch in ihrer Einschränkung bei der Moderation der Veranstaltungen. Offensichtlich würden angemessene sorbische Programmteile auch bei anderen kulturellen Veranstaltungen den Interessen der deutschen Besucher eher entsprechen, als die bisher verbreitete Praxis, sorbische Kultur lediglich auf einige wenige »sorbische« Veranstaltungen zu konzentrieren.

Bemerkenswert hoch war auch der Anteil an deutschen Hörern sorbischer Rundfunksendungen. Altersmäßig wiesen die Hörer ein wesentlich differenzierteres Bild auf, als die Kulturveranstaltungsbesucher. Es dominierte die Tendenz zur Zunahme der Zahl der Hörer mit höherem Alter. Dies hatte mehrere, sich überlagernde Ursachen. Dazu gehörten vor allem:

1. Das sorbische Rundfunkangebot wies objektiv bedingt, eine solche Sendestruktur und Sendezeiten (1987) auf, die den Hörgewohnheiten und Hörinteressen Jugendlicher und jüngerer Erwachsener nur wenig entsprachen.
2. Das Verständnis der sorbischen Sprache war bei älteren Deutschen auf Grund des höheren Anteils von Assimilierten aus sorbischen Elternhäusern und Nachkommen gemischtnationaler Familien, größer als bei den jüngeren.

Wie auch bei den sorbischen Kulturveranstaltungen dominierte der gelegentliche Empfang der Sendungen (90,5 Prozent). Mit höherem Alter nahm der Anteil der regelmäßigen Hörer zu und erreichte bei den über 65jährigen mehr als ein Fünftel. Das hauptsächliche Interesse galt den Musikbeiträgen.

Untersuchen wir die Teilnahme Deutscher am sorbischen Kulturleben nach der sozialen Zugehörigkeit, so muß im Gegensatz zu den Sorben festgestellt werden, daß das kulturelle Verhalten bzw. die Bedürfnisse der Angehörigen verschiedener sozialer Gruppierungen deutlicher differiert. Bauern überwogen in durchaus erheblichen Maße und erreichten bei K>1 16,1 Prozent. Demgegenüber betrug die entsprechende Quote bei den Angestellten 11,5 Prozent und bei den Arbeitern 9,7 Prozent. Der Anteil der Berufstätigen, die in keiner Weise am sorbischen Kulturleben teilnahmen (K=0) betrug bei den Angestellten 27,1 Prozent, bei den Bauern 33,1 Prozent und bei den Arbeitern 37,3 Prozent. Mit anderen Worten - etwa ein Drittel der deutschen Berufstätigen im untersuchten Gebiet hatte keinen nennenswerten Zugang zur sorbischen Kultur.

Daß die Teilnahme am sorbischen Kulturleben wie auch ihre Intensität für die Ausprägung toleranter nationaler Beziehungen von wesentlicher Bedeutung war, bestätigten unsere Untersuchungen sowohl zur Stellung der staatlichen Nationalitätenpolitik wie auch zur Haltung der deutschen Befragten zur Anwendung der sorbischen Sprache in der individuellen Kommunikation unter Sorben. Lediglich jeder achte Nichtteilnehmer am sorbischen Kulturleben vertrat die Meinung, daß für ihn die Anwendung der sorbischen Sprache unter Sorben auch bei Anwesenheit Deutscher eine Selbstverständlichkeit darstellt. Dagegen gaben 40,6 Prozent der Befragten dieser Gruppe an, daß sie dies als persönlich störend bzw. unhöflich empfinden. Unter den Deutschen mit geringer Intensität der Teilnahme am sorbischen

Kulturleben waren bereits 30,7 Prozent der Auffassung, daß es selbstverständlich ist, daß Sorben auch in Anwesenheit Deutscher ihre Muttersprache sprechen und nur 28,5 Prozent hielten dies für unangebracht. Demgegenüber gaben etwa zwei Drittel (65,5 Prozent) der Deutschen mit mittlerer und hoher Intensität der Teilnahme am sorbischen Kulturleben an, dies als Selbstverständlichkeit zu werten. Bei lediglich acht Prozent wurden Aversionen zum Ausdruck gebracht. Wir konnten also einen offensichtlichen Zusammenhang von Rezeption sorbischer Kultur, Teilnahme am sorbischen Kulturleben und Haltung zur Anwendung der sorbischen Sprache im Bereich der individuellen Kommunikation feststellen.

Kulturpolitische Aspekte der Nationalitätenpolitik gegenüber den Sorben in der DDR – ein Beitrag zur Diskussion

Obwohl faschistische Germanisierungs- und Unterdrückungspolitik sowie der zweite Weltkrieg und seine Folgen der sorbischen nationalen Substanz schwere, teils irreparable Schäden zugefügt hatten und sich auch die ethnodemographische Situation infolge der Ansiedlung Deutscher aus den Gebieten östlich der Neiße für die Sorben zum Teil drastisch ungünstig gestaltete, war der Lebenswille der Sorben nicht gebrochen. Bereits am 10. Mai 1945 ergriffen sorbische Patrioten um Paul Nedo, Dr. Jan Cyž und Jan Meškank die Initiative und erneuerten in Crostwitz (Kreis Kamenz) die Tätigkeit der Domowina. Zugleich nahmen sie frühzeitig Kontakt zu den sowjetischen Besatzungsmächten auf. So konnten sie erreichen, daß Dr. Jan Cyž Landrat des Kreises Bautzen wurde. Dieser Umstand begünstigte in den folgenden Jahren die Einbeziehung sorbischer Patrioten in den Wiederaufbau und die Berücksichtigung der sorbischen Sprache und Kultur in diesem Prozeß. Damit konnten in einem wichtigen Teil des gemischtnationalen Gebietes wesentliche Voraussetzungen für die Sicherung und Entwicklung der sorbischen Sprache und Kultur bereits wenige Monate nach Kriegsende geschaffen werden.

Zugleich war die Entwicklung nach 1945 durch zunehmende Ausrichtung der sorbischen nationalen Bewegungen auf eine am Beispiel der Sowjetunion orientierten und von der 1946 gebildeten SED gesteuerten Nationalitätenpolitik gekennzeichnet. Nachdem seitens der SED zunächst der sorbischen Bewegung mit ausgesprochenem Mißtrauen begegnet wurde, kam es seit 1946 zu einer allmählichen Annäherung. Am 21. November 1947 berieten schließlich führende Vertreter der Domowina (Pawoł Nedo, Dr. Jan Cyž, Pawoł Nowotny, Korla Janak und Pawoł Dudźik) mit Vertretern des Parteivorstandes (Wilhelm Pieck, Otto Grotewohl, Friedrich Ebert, Wilhelm Koenen) und Kurt Krenz (als Vertreter des Kreisvorstandes Bautzen der SED) grundsätzliche Fragen der Sorbenpolitik. Von der Domowina wurde die Forderung nach nationaler Anerkennung der Sorben, der Gründung einer sorbischen Parteisektion, die Schaffung einer Verwaltungseinheit Lausitz sowie das Recht der Organisation, bei Wahlen als Mandatsträger auftreten zu können, erhoben. Ferner waren die Wiedereinführung der alten, während der Nazidiktatur geänderten Ortsbezeichnungen sowie die Einrichtung sorbischer Schulen Verhandlungsgegenstand.

Die SED lehnte die nationale Anerkennung der Sorben ab. Der Parteivorsitzende W. Pieck stellte dazu fest, daß »... vom marxistischen Standpunkt das Aufwerfen einer sorbischen nationalen Frage in der gegebenen Situation eine Rückentwicklung darstellt. Es könne nicht bestritten werden, dass es sich bei den in Sachsen und Brandenburg verstreut lebenden Sorben um **Restvolksteile** handelt, die keinen slawischen Mutterboden mehr haben« (ZPA, Dokument 7 S. 2). Abgelehnt wurde neben dem Recht der Domowina auf selbständige Teilnahme bei Wahlen auch die Schaffung eines Landes Lausitz, obgleich Dr. J. Cyž und P. Nedo darauf verwiesen, daß »... im Laufe der Geschichte die Nieder- und Oberlausitz schon mehrfach eine Verwaltungseinheit bildeten und dass die Forderung der Domowina auf Herstellung einer Verwaltungseinheit nicht auf separatistischen Vorstellungen beruhe. Die Forderung werde erhoben, um die Arbeit für die Gesamtheit der Sorben unter einheitliche Gesichtspunkte zu stellen« (ebenda S. 4). Der SED-Landesvorsitzende von Brandenburg F. Ebert vertrat die Auffassung, daß in diesem Land »... keine Anzeichen für eine lebendige sorbische Kultur sichtbar seien und er hält es für unzweckmäßig, in Brandenburg eine Aktion zur Wiederbelebung der sorbischen Nation einzuleiten« (ebenda S. 3).

Gleichzeitig wurde auf dieser Beratung eine offiziöse Stellungnahme vereinbart, die den Rahmen für die Nationalitätenpolitik in den folgenden Jahrzehnten absteckte. Darin hieß es unter anderem: »Der sorbischen Bevölkerung ist zur Pflege ihres kulturellen Lebens und ihrer kulturellen Einrichtungen jede Unterstützung durch die gemeindlichen und staatlichen Körperschaften zu gewähren. Zur Sicherung der einheitlichen kulturellen Betätigung ist eine über die Landes- und Kreisgrenzen hinweggehende Kulturgemeinschaft der sorbischen Bevölkerung mit einer selbständigen Leitung zu schaffen.« (ebenda S. 5) Auf Grundlage dieser Vereinbarung wurden in den folgenden Jahren das Gesetz zur Wahrung der Rechte der sorbischen Bevölkerung im Land Sachsen (1948) und eine entsprechende Verordnung des Landes Brandenburg (1951) verabschiedet.

Die enge Bindung der Domowina an die SED hatte aber zugleich zur Folge, daß sie sich in ihren leitenden Organen vollständig der Leitung und Kontrolle durch die Organe des Zentralkomitees dieser Partei unterwarf. Nachdem der Unterordnungsprozeß, in dessen Verlauf führende sorbische Persönlichkeiten aus der nationalen Bewegung ausgeschaltet und einige Repressalien ausgesetzt wurden, mit dem Ausscheiden von Pawoł Nedo aus dem Vorsitz der Domowina und der Wahl von Kurt Krenz im Dezember 1950 abgeschlossen war, waren sämtliche wichtigen Aktivitäten dieser Organisation mit der Abteilung Staatliche Organe (später Abteilung Staat und Recht) beim Zentralkomitee der SED abgestimmt worden.

Die Gründe für die Durchsetzung der sorbischen Kommunisten sind sicherlich sehr vielschichtiger Natur und bedürfen noch einer eingehenden historischen Aufarbeitung. Tatsache war, daß mit diesem »Machtwechsel« die langen, vornehmlich durch Konservatismus gekennzeichneten Traditionen in der politischen Kultur der sorbischen Volksbewegung abgebrochen und zeitweise umgekehrt wurden. Zu den Gründen gehörte offensichtlich, daß durchaus viele Sorben nach den Erfahrungen mit dem deutschen Faschismus sozialistischen Wertvorstellungen gegenüber aufgeschlossen waren, die Darstellungen einer großzügigen und wohlwollenden sowjetischen Nationalitätenpolitik in den Medien, und daß sich zeitweilig in der SED Positionen durchsetzten, die auf Unterstützung und Förderung der Sorben ausgerichtet waren.

Die alten Führungskräfte in der Domowina gingen offensichtlich davon aus, daß sie sich gegebenenfalls aus dieser Verbindung mit der SED wieder herauslösen könnten. Noch ein Jahr vor seiner Ablösung erklärte P. Nedo vor sorbischen Geistlichen: »Wir müssen konstatieren, daß sich hinsichtlich der Unterstützung unserer Forderungen verschiedene bürgerliche Parteien entweder als völlig passiv oder in ihrer Haltung als Gegner erwiesen. Wenn wir das Sorbische erfolgreich schützen wollen, so ist uns nur der Weg möglich, den die Domowina eingeschlagen hat. ... Die Arbeit der Domowina beruht völlig auf der Blockpolitik und ist nicht auf alle Fälle gebunden an beispielsweise die politische Partei SED« (Protokol na zeńdźenju Domowinskeho předsydstwa S. 1).

Des weiteren muß auch festgestellt werden, und das gilt für die gesamte Sorbenpolitik der ehemaligen DDR, daß diese einerseits solchen stalinistisch-diktatorischen Grundmustern entsprach wie Konzentration der Entscheidungsgewalt auf die Parteibürokratie, ideologische Gleichschaltung, Unterdrückung und Ausschaltung jeglicher Opposition - andererseits in der konkreten Handhabung dieser Grundmuster eine Nationalitätenpolitik entwickelt wurde, die durchaus in vielen Bereichen der sorbischen Kultur zuvor nicht gekannte Möglichkeiten einräumte.

Bedeutsamen Einfluß auf die sorbische Kulturentwicklung nach 1945 übte die Schulpolitik im deutsch-sorbischen Gebiet aus. Mit dem Machtantritt des Hitlerregimes und den damit beginnenden Repressalien gegen die Sorben kamen die äußerst bescheidenen Möglichkeiten der Vermittlung der sorbischen Sprache an den Schulen nahezu vollständig zum Erliegen. Häufig wurden national bewußte sorbische Lehrer gemaßregelt, zum Teil aus der Lausitz ausgewiesen bzw. aus dem Schuldienst entlassen. Die antifaschistisch-demokratische Bildungsreform schuf die Möglichkeit, die tiefen Einbrüche in die nationale sorbische Substanz zumindest einzugrenzen. Zunächst gestattete jedoch die unzureichende Zahl sorbischer Lehrer noch nicht, an allen Schulen den Sorbischunterricht einzuführen bzw. wiederaufzunehmen. Mit der Ausbildung von Neulehrern in Kurzlehrgängen am sorbischen Lehrerbildungsinstitut in Radibor konnte eine allmähliche Verbesserung der Situation erreicht werden. Allerdings wurden entsprechende Maßnahmen zunächst nicht auf der Ebene der für die Schulpolitik zuständigen Landesbehörden getroffen, sondern dies wurde in Sachsen der örtlichen Initiative der Domowina überlassen. Hierbei wirkte sich positiv aus, daß Pawoł Nedo als Schulrat des

Schulaufsichtskreises Bautzen-Nord eingesetzt worden war (vgl. Sobe 1970 S.25ff). In den anderen Kreisen und vor allem in der Niederlausitz kam der Sorbischunterricht auf Grund fehlender grundsätzlicher Richtlinien, des Fehlens von sorbischen Aktivisten an entsprechenden Stellen in den neuen Verwaltungen sowie des Desinteresses und der Unwissenheit der deutschen Behörden wesentlich schleppender voran bzw. war noch nicht eingeführt worden. Erst nachdem durch das Gesetz zur Wahrung der Rechte der sorbischen Bevölkerung (Sorbengesetz) das Recht auf sorbischen Schulunterricht festgeschrieben wurde, kam es 1952 dann zu verbindlichen Festlegungen für die Schulen des gemischtnationalen Gebietes (vgl. Směrnicy za rjadowanje šulstwa). Danach erhielten alle sorbischen Kinder - soweit die Schule dies sichern konnte - obligatorischen sorbischen Sprachunterricht. An den sorbischen Schulen in der Subregion IV wurde der Unterricht weitgehend in sorbischer Sprache erteilt. Jedoch regelte diese Verordnung nicht, welche Kinder als sorbische Kinder gelten, so daß es in der praktischen Verwirklichung zu sehr unterschiedlichen Verfahrensweisen kam und oftmals alle Kinder einer Schule sorbischen Sprachunterricht erhielten.

Mit dem Gesetz zur Wahrung der Rechte der sorbischen Bevölkerung, welches am 23. März 1948 vom Landtag Sachsens verabschiedet wurde, erhielt die Förderung der Kultur und Sprache einer nationalen Minderheit in Deutschland erstmals eine juristische Grundlage. Für die dänische und friesische Minderheit in Schleswig-Holstein wurden in der Kieler Erklärung vom 26. September 1949 Regelungen zu besonderen fördernden Maßnahmen in den Bereichen Sprache und Erziehung getroffen. »Da die Kieler Erklärung auf britischen Druck erfolgte, war ihr atmosphärischer Wert für eine echte Gleichbehandlung der Minderheit als gering zu veranschlagen. Sie ist weder ein völkerrechtliches Abkommen noch ein Gesetz gewesen, sondern eine Verfügung der Landesregierung, der allerdings durch die Zustimmung des Landtages ein formelles Gepräge gegeben wurde« (Böhm 1990 S. 38f). Im Land Brandenburg wurde erst 1950 eine Verfügung der Landesregierung zu den sorbischen Angelegenheiten, die sich an das sächsische Gesetz anlehnte, erlassen. In den Verfassungen der DDR regelten die Artikel 11 (Verfassung von 1949) bzw. 40 (Verfassung von 1968 bzw. 1974) den Schutz und die Förderung der sorbischen Minderheit. In den Verfassungen der ehemaligen Länder Brandenburg und Sachsen gab es keine Aussagen zu den Sorben.

Nach Verabschiedung des Sorbengesetzes und der Gründung der DDR folgte eine alle Bereiche des kulturellen Lebens umfassende staatliche »Institutionalisierung« der sorbischen Kultur, die in vielfältiger Weise durchaus den Erfordernissen des sorbischen Volkes entsprach und sie in die gesamtgesellschaftlichen Strukturen der Kulturpolitik der 1949 gegründeten DDR einzubinden begann. Unter den Einrichtungen, die im Zuge der Profilierung der Nationalitätenpolitik in der DDR entstanden, sind unter anderem das Staatliche Ensemble für sorbische Volkskultur (1951), das Institut für Sorabistik an der Universität Leipzig (1951), das Institut für sorbische Volksforschung in Bautzen (1951, zunächst ein sächsisches Institut, nach Auflösung der Länder der Akademie der Wissenschaften zugeordnet), eine Arbeitsstelle des Pädagogischen Zentralinstituts (später Akademie der pädagogischen Wissenschaften) für Schulen im zweisprachigen Gebiet (1952), das Haus für sorbische Volkskunst (1956) und der Domowina-Verlag (1958) zu nennen. Bereits in der zweiten Hälfte der 1940er Jahre wurden das Sorbische Volkstheater gebildet und sorbische Rundfunksendungen ausgestrahlt. Zur Förderung des sorbischen Kulturschaffens wurde 1956 ein staatlicher Preis, die Jakub-Bart- Ćišinski-Medaille, gestiftet.

Diese »Institutionalisierung« machte die sorbische Kultur zwangsläufig zu einem Mittel der »Machtausübung der Partei der Arbeiterklasse«. Sie stellte insofern eine neue Qualität der Verflechtung der sorbischen mit der deutschen Kultur dar, als sie ihre Existenzweise als Randerscheinung überwinden konnte und materiell und personell in beachtlichem Umfang gefördert wurde.

Diese neue Stellung der sorbischen Kultur fand ihre Grenzen in den ideologischen und materiellen Abhängigkeiten und Reglementierungen. Die in der ersten Hälfte der 1950er Jahre durchaus feststellbare Orientierung in der Nationalitätenpolitik auf die Erhaltung und Entwicklung des sorbischen Volkstums verengte sich in dem Maße, wie sich die realsozialistische Gesellschaft etablierte. Etwa bis Mitte der 1950er Jahre beinhaltete die wesentlich vom damaligen Mitglied des Politbüros der SED und stellvertretenden Ministeratsvorsitzenden Fred Oelßner konzipierte Nationalitätenpolitik noch eine deutlich sichtbare Orientierung auf den Erhalt und die Fortentwicklung der Sprache und Kultur. »Selbstverständlich hat die Lausitz, so wie die ganze DDR riesige Perspektiven. Aber vergessen wir nicht: Das neue Leben wird sich in der Lausitz zweisprachig entwickeln, in doppelter nationaler Form« (Oelßner 1955, S. 21). Nach seiner Ablösung 1958 und den Parteibeschlüssen für den beschleunigten Aufbau sozialistischer Strukturen kam es zu einer deutlichen Abkehr von dieser Linie. Die sorbischen Künstler wurden auf den »sozialistischen Realismus« eingeschworen (Kulturkonferenz der Domowina 1958), und der Leiter der Hauptabteilung für Sorbenfragen Achim Handrik erklärte in einem Vortrag: »Die Losung 'Die Lausitz wird zweisprachig' ist falsch. Sie desorientiert, weil das Ziel sein muß, die Lausitz wird sozialistisch, wobei dadurch die besten Voraussetzungen gegeben sind für die weitere Garantie der höchsten Form der nationalen Gleichberechtigung, nämlich der sozialistischen« (ZPA, Dokument 2 S. 1). Weiter führte er aus: »Die Nationalitätenpolitik muß eine der sozialistischen Umwälzung untergeordnete Rolle spielen« (ebenda). Diese offene Neuorientierung in der Politik der SED gegenüber den Sorben hatte zweifellos ihre Grundlagen in der Verschärfung des politischen und ökonomischen Kurses der SED nach dem V. Parteitag 1958 und der Verfolgung und Verurteilung vermeindlicher bzw. tatsächlicher oppositioneller Gruppierungen und Persönlichkeiten, sie ist aber nicht ausschließlich auf diese Umstände zurückzuführen. In der SED gab es ständig Kräfte, denen die nationalitätenpolitischen Regelungen, wie sie erreicht wurden, zu weit gingen. So verwies der Vorsitzende der Domowina K. Krenz 1952 in einem Schreiben an F. Oelßner auf nach wie vor bestehende Auswirkungen einer Beratung des Landesvorstandes der SED Sachsens mit Funktionären der Domowina im Jahre 1949, auf welcher der Landesvorsitzende Lohagen die Auffassung vertrat, »die Partei habe in der Frage des Sorbengesetzes übereilt gehandelt. In 50 Jahren gebe es keine Sorben mehr und Aufgabe der Partei sei es, die bestehende Assimilation zu fördern« (ZPA, Dokument 3). Auch 1951 vertraten Landespolitiker der SED derartige Auffassungen und diese wirkten sich negativ auf die Realisierung des Sorbengesetzes aus: »Erneute Diskussionen in der Landesleitung Sachsen der SED darüber, ob die Domowina noch eine Existenzberechtigung habe, ob ihre Arbeit nicht zu einer 'nationalen Absonderung' führe, ob sie im Kampf um Frieden und die Einheit Deutschlands notwendig sei, berechtigen zu der Annahme, daß die sektiererischen Tendenzen, wie sie in der Landesparteiorganisation Sachsen im Jahre 1950 aufgetreten waren, zumindest im Hinblick auf die Verwirklichung der marxistisch-leninistischen Nationalitätenpolitik relativ lange wirkten und eine der Ursachen für die zeitweise schleppende Realisierung des Gesetzes zur Wahrung der Rechte der sorbischen Bevölkerung darstellten« (Thiemann 1977, S. 62). In die gleiche Richtung gingen Auffassungen, die von Mitgliedern des Rates des Bezirkes und der Bezirksleitung Cottbus der SED vertreten wurden, daß in Lenins Schrift »Kritische Bemerkungen zur Nationalitätenfrage« steht, daß »kleine Minderheiten in größere Nationalitäten aufgehen« (ZPA, Dokument 4). Ferner wurde argumentiert, »daß in der Sowjetunion mit kleinen nationalen Minderheiten auch nicht soviel gemacht wird, wie bei uns in der DDR« (ebenda).

Kennzeichnend für die politische Atmosphäre war ferner, daß nicht nur bürgerlich und klerikal orientierte Vertreter in der sorbischen Volksbewegung separatistischer und nationalistischer Bestrebungen bezichtigt und deshalb ausgegrenzt und zum Teil verfolgt wurden. So wurde beispielsweise der sorbi-sche katholische Pfarrer und Antifaschist Józef Nowak auf dem IV. Bundeskongreß der Domowina von Oelßner wegen eines Beitrages in der »Nowa Doba« zur Rolle der sorbischen Familie für die Erhaltung der Gemeinschaft massiv und beleidigend angegriffen und auf eine Ebene mit nationalsozialistischen Rassenideologen gesetzt (vgl. Oelßner 1957). Bereits in Vorbereitung und Durch-führung des vorangegangenen III. Bundeskongresses wurde von Dr. J. Cyž und anderen Funktionären der Nachkriegszeit abverlangt, die Rolle der Domowina nach dem zweiten Weltkrieg bis zu ihrer Vereinnahmung durch die SED als reaktionär zu bewerten. Da sich J. Cyž dieser Forderung geschickt zu entziehen versuchte und in seinem Diskussionsbeitrag öffentlich dagegen argumentierte, schlußfolgerte ein Berichterstatter des Zentralkomitees: »Genosse Dr. Ziesche ist seit 1945 Landrat in Bautzen. Er ist Mitbegründer der Domowina und gehörte schon 1945 dem Bundesvorstand an. Als Sohn eines Großbauern kann er verschiedene Dinge unserer Entwicklung nicht verstehen. Dies ist die Klassenwurzel seiner

Einstellung, in die er immer wieder zurückfällt. Es ist notwendig, sich mit Gen. Dr. Ziesche als Vorsitzenden des Rates des Kreises Bautzen näher zu befassen« (ZPA, Dokument 5). Wenig später wurde Dr. J. Cyž als Ratsvorsitzender abgelöst.

Nationalistischen Verdächtigungen waren wiederholt auch weitere sorbische Intellektuelle und auch von der SED eingesetzte sorbische Funktionäre ausgesetzt. Faktisch war es ihnen nicht einmal möglich, über die Vereinbarung vom November 1947 hinausreichende Vorstellungen auch nur zur Diskussion zu stellen, ohne sich massiven Vorwürfen aussetzen zu müssen. Auch hier kam es in der zweiten Hälfte der 1950er Jahre zu einer Zuspitzung im Zusammenhang mit den Sorgen um die weitere Erhaltung und Entwicklung des sorbischen Volkes, die junge Intellektuelle in Beiträgen in der »Nowa Doba« unter der Rubrik »Tysac dobrych skutkow« (»Tausend gute Taten«) 1956 öffentlich zur Diskussion stellten.

Die seit 1958 sichtbare Neuausrichtung der Nationalitätenpolitik betraf vor allem die Kultur und Sprache. Die Rolle von Kultur und Sprache als wesentliche Komponenten der Erhaltung und Entwicklung des sorbischen Volkes wurde bewußt unterdrückt. In den Mittelpunkt der nationalitätenpolitischen Vorstellungen wurde die Frage der sozialen Gleichstellung gerückt, was faktisch darauf ausgerichtet war, über Industrialisierung und Vergenossenschaftlichung bei Sorben und Deutschen gleichartige sozialökonomische Strukturen zu erreichen, was dann als höchste Form der nationalen Gleichberechtigung und Lösung der »nationalen Frage« angesehen wurde. In der politischen Praxis wurde die Benutzung der Begriffe »sorbische Sprache und Kultur« sofort mit Unterstellungen nationalistischer und unmarxistischer Auffassungen gleichgesetzt, die Zensur von Dokumenten der Domowina konzentrierte sich auf die möglichst umfassende Tilgung dieser Begriffe. 1960 äußert sich der Volksbildungsminister(!), der im Auftrage der SED am V. Bundeskongreß der Domowina teilnahm, mit keiner Silbe zu den Fragen des Schulwesens im deutsch-sorbischen Gebiet und zur sorbischen Kultur. Die bewußte Herabsetzung der Bedeutung von Sprache und Kultur für die Existenz des sorbischen Volkes hatte insbesondere auch Auswirkungen auf die uns in dieser Schrift interessierenden Voraussetzungen für die Rezeption der sorbischen Kultur in den heranwachsenden Generationen.

Einen Höhepunkt erreichte diese, den Interessen der Sorben entgegenstehende Politik in den Neuregelungen des Sorbischunterrichts, wie sie 1962 und 1964 erfolgten. 1962 kam es zur umstrittenen Entscheidung, den naturwissenschaftlichen Unterricht in sorbischer Sprache zu liquidieren. Bei zahlreichen sorbischen Lehrern, die durchaus positive, wenn auch differenzierte Erfahrungen mit der bisherigen Praxis hatten, stieß diese Festlegung vor allem deshalb auf Kritik, weil damit die gesellschaftliche Stellung der sorbischen Sprache herabgesetzt und vor den durchaus auftauchenden Problemen zurückgewichen wurde. Außerdem befürchtete man, daß dieser Neuregelung weitere Beeinträchtigungen des Sorbischen folgen könnten.

Grundsätzliche Veränderungen in der Vermittlung der sorbischen Sprache im Einzugsgebiet der »B-Schulen« brachte die 7. Durchführungsbestimmung zum Gesetz über die sozialistische Schule (1964). Festgelegt wurde die Reduzierung der Wochenstundenzahl im Fach Sorbisch sowie eine Neuregelung der Teilnahme am Sorbischunterricht. Bis dahin wurde faktisch nach dem Prinzip, alle Kinder, deren Eltern dies nicht ausdrücklich ablehnen, nehmen am Sorbischunterricht teil, vorgegangen. Nun galt, daß alle Kinder, die nicht ausdrücklich zum Sorbischunterricht angemeldet werden, daran nicht mehr teilnahmen. Die diesen Neuregelungen mehrere Jahre vorangegangene Herabsetzung von Sprache und Kultur in der Nationalitätenpolitik zeigte vor allem unter der deutschen Bevölkerung aber auch unter vielen Sorben in den Subregionen I bis III Wirkungen. So kam es zu Erscheinungen der Intoleranz gegenüber bzw. des Verzichts auf die Anwendung der sorbischen Sprache, und in Teilen der sorbischen Bevölkerung ging die Wertschätzung ihrer Muttersprache weiter zurück. Die Auswirkungen dieser Festlegung auf die Teilnehmerzahlen am Sorbischunterricht waren drastisch. Gegenüber ca. 12 000 1962 waren es nun nur noch weniger als 3 000.

Die Domowina wurde mit diesen Neuregelungen vor vollendete Tatsachen gestellt, der größte Teil der sorbischen Intellektuellen artikulierte Widerspruch. Für die evangelische Kirche, deren Angehörige vor allem betroffen waren, erklärte der sorbische Superintendent Wirth in einer Diskussion in der Stadtorganisation Bautzen der Domowina nach Aufzeichnungen eines Mitarbeiters der Abteilung Staat und Recht des ZK: »Diese Tatsache wird uns viel Schwierigkeiten machen. Wir werden unseren Kirchentag in Purschwitz für die Werbung zur Erlernung der sorbischen Sprache nutzen - und sie in die kirchliche Arbeit einbeziehen. Die Tragik der sorbischen Sprache ist, daß sie nach 1945 politisch gebunden wurde. Hierbei geht es um Fragen grundlegender Art. In diesem Sinne - einer nicht politisch gebundenen Sprache - werden wir zu dem Entwurf der Grundsätze der Gestaltung des sozialistischen Bildungssystems noch ernsthaft zu sprechen haben. Ich, für meine Person, auf dem Kirchentag in Purschwitz dafür, daß die sorbische Sprache wieder engste Bindungen zur Kirche erhält« (ZPA, Dokument 5, S. 8). In der Führung der Domowina gipfelten die Auseinandersetzungen um die Schul- und Kulturpolitik in der Ablösung und dem Ausschluß aus dem Bundesvorstand von B. Noack, 1. Sekretär des Bundesvorstandes. Er hatte sich wiederholt gegen die Unterschätzung der Sprache und Kultur zur Wehr gesetzt. Nach der Verabschiedung eines neuen Volksbildungsgesetzes wurde eine Neufassung der Durchführungsbestimmung erlassen. Diese hatte Gültigkeit bis zum Ende der DDR und wurde in ihren wesentlichen Teilen auch nach der Vereinigung beider Staaten in Deutschland übergangsweise beibehalten. Der grundsätzliche Inhalt der alten Regelung (Stundenvolumen, Teilnahmeprinzip) wurde übernommen, allerdings eine Reihe von flankierenden Maßnahmen, die sich positiv auf die Teilnahme am Sorbischunterricht auswirken sollten (verstärkte Werbung für die Teilnahme am Sorbischunterricht unter Einbeziehung der Domowina,

Tab. 37   **Teilnehmer am Sorbischunterricht**

Jahr	Bezirk Cottbus	Bezirk Dresden	Gesamt
1955	keine Angaben	5301	–
1960	3034	7276	10310
1962	3041	9791	12832
1967	1137	1588	2725
1971	1614	3158	4772
1975	2036	3152	5118
1980	1677	2910	4587
1985	2020	3048	5068
1989	2824	3350	6174

Olympiaden der sorbischen Sprache, Feriengestaltung für Teilnehmer am Sorbischunterricht), festgelegt. Darüber hinaus wurde die Vermittlung sorbischer Sprachkenntnisse an den berufsbildenden Einrichtungen und in der Erwachsenenqualifikation einbezogen. In den folgenden Jahren stieg die Zahl der Schüler, die Sorbisch lernten, wieder an (vgl. Tab. 37).

Zu einer qualitativen Verbesserung des Niveaus der Sorbischausbildung kam es jedoch an den Schulen mit sorbischem Sprachunterricht (B-Schulen) nicht mehr, so daß die Sprachkenntnisse der meisten Schulabgänger dennoch nicht ausreichen, sorbischsprachige Kunst und Literatur zu rezipieren, und sich die Assimilation nicht verringerte.

Dementsprechend war auch in den untersuchten Gemeinden Malschwitz, Turnow, Trebendorf und Zeißig die Situation dadurch gekennzeichnet, daß der Anteil an sorbischen Einwohnern unter 25 Jahren deutlich unter dem Gesamtanteil der Sorben lag und das von den jüngeren Sorben ein nicht unwesentlicher Teil über keine oder nur elementare, nicht muttersprachliche Sprachkenntnisse verfügte, auch dann, wenn sie die sorbische Sprache als Merkmal ihrer ethnischen Zugehörigkeit werteten. Ferner war zu vermerken, daß die Sprache als Ethnomerkmal gerade bei den bis 35jährigen Sorben (diese waren insbesondere von den Wirkungen der 7. Durchführungsbestimmung betroffen) einen sehr geringen Wertigkeitsplatz einnahm, lediglich 24,1 Prozent. Bereits in der nachfolgenden Gruppe der 36 bis 45jährigen waren es mit 61,5 Prozent weit mehr als das Doppelte. In Rosenthal werteten 67,8 Prozent der bis 35jährigen die sorbische Sprache als Merkmal ihrer Ethnizität, was deutlich höher war, als in den drei anderen Regionen, jedoch innerhalb der Befragten der Gemeinde Rosenthal nach Altersgruppen wiederum den geringsten Stellenwert ausmachte. Hier wirken ganz offensichtlich, wenn auch noch nicht so drastisch, gleiche Tendenzen.

Die eingeschränkten Möglichkeiten für die Realisierung der kommunikativen Funktion der sorbischen Sprache führten dazu, daß ihr Prestige, ihre Bewertung als nationales und kulturelles Gut bei vielen Sorben nur gering ist. Demzufolge wurde auch der Beteiligung der Kinder am Sorbischunterricht tatsächlich geringe Bedeutung beigemessen, obwohl ein beträchtlicher Teil der Sorben die Meinung vertrat, daß es richtig sei, daß sich Kinder am Sorbischunterricht beteiligen. Die reale Sprachsituation gestaltete sich trotz tatsächlicher bzw. vorgegebener Fortschritte zunehmend komplizierter. Setzen wir voraus, daß die demographische Struktur der sorbischen Einwohner des gemischtnationalen Gebietes annähernd der der DDR-Bevölkerung entspräche und gehen wir von einer Zahl von ca. 60 000 sorbisch Sprechenden aus, so sind darunter ca. 10 000 bis 11 000 Kinder und Jugendliche im schulpflichtigen Alter. Am Sorbischunterricht beteiligten sich Mitte der 1980er Jahre jährlich jedoch nicht einmal 6 000 Schüler. Demzufolge erhielten nur etwa jedes zweite sorbische Kind (in den B-Klassen völlig unzureichende) Schulkenntnisse in der sorbischen Sprache vermittelt, die in den seltensten Fällen zu muttersprachlichem Niveau führten. Dabei lassen wir unberücksichtigt, daß sich auch deutsche Kinder am Sorbischunterricht beteiligten. Weiterhin muß davon ausgegangen werden, daß bei den sorbischen Eltern, die ihre Kinder nicht zum Sorbischunterricht schicken, auch nur ein sehr geringes nationales Selbstbewußtsein ausgebildet ist, welches wenig, nicht oder gar negativ auf die Kinder einwirkt. Das heißt, wir finden hier massive Erscheinungen von Assimilation vor.

In der staatlichen Leitung der Nationalitätenpolitik, darin eingeschlossen Kultur und Schulen, wurden entsprechend den neuen Orientierungen Anfang der 1960er Jahre Strukturveränderungen vorgenommen. Die Gesamtverantwortung der bisherigen Hauptverwaltung für Sorbenfragen beim Innenministerium wurde aufgehoben und Sektoren bei den betreffenden Fachministerien für Kultur und für Volksbildung gebildet (vgl. Ministerrat 1961). Letzteres richtete seine entsprechende Dienststelle außerhalb des deutschsorbischen Gebietes in Berlin ein. Damit waren die potentiellen Möglichkeiten, sorbische Aktivitäten zu koordinieren, weiter eingeengt. Vor allem unzureichende fachliche Kompetenz zu Fragen der sorbischen Kultur, differenzierte Identifikation einzelner Funktionäre der Kreise und Bezirke (sowohl auf staatlicher als auch auf Parteiebene) führten dazu, daß es nie tatsächlich gelang, Vorgaben der Kulturentwicklung, wie sie beispielsweise in den Perspektivprogrammen der sorbischen Kultur (vgl. Perspektivprogramm der sorbischen Kultur. 1969, 1978, 1987) zu realisieren.

In »Plandokumenten« der Kommunalorgane zur Kulturentwicklung (die Erfüllung dieser wurde nur in den seltensten Fällen analysiert und ausgewertet) wurde diesbezüglichen Vorgaben entsprechend, formell und allgemeingehalten in verschiedener Form auf die sorbische Kultur und Kunst Bezug genommen. So hieß es beispielsweise in der »Konzeption für die Entwicklung des geistig-kulturellen Lebens im Kreis Lübben bis 1990«: »Die sorbische Kultur ist als fester Bestandteil der sozialistischen Nationalkultur der DDR weiterzuentwickeln« (Kreistag Lübben 1987 S. 1). In ähnlicher nichtssagender Weise wurde auch in den anderen Kreisen verfahren. Die Einbeziehung der sorbischen Kultur in konkrete kulturpolitische Maßnahmen wurde dagegen sehr differenziert gehandhabt bzw. ignoriert. Als Schwerpunkt der kulturpolitischen Arbeit hinsichtlich der sorbischen Kultur kristallisierte sich oft einseitig die Pflege der sorbischen Bräuche, Sitten und Traditionen heraus. Dies erklärte sich nicht zuletzt auch daraus, daß in den meisten Regionen folkloristische Traditionen nahezu ausschließlich sorbische sind, daß generellen kulturpolitischen Forderungen, Bräuche und Traditionen zu pflegen und für die Gestaltung des »sozialistischen« kulturellen Lebens zu nutzen, über die Erschließung dieser entsprochen werden konnte. Eine wichtige Rolle spielte aber offensichtlich auch, daß mit Brauchtumspflege und ähnlichen kulturpolitische Maßnahmen auch äußerlich die geforderte Beachtung der nationalen Spezifik in der Kulturarbeit leicht demonstriert werden konnten und sich damit »nationalitätenpolitische Aufgabenerfüllung« problemlos abrechnen ließ. Soweit Bräuche diesen kulturpolitischen Vorgaben nicht entsprachen (z. B. wegen des »reaktionären« oder religiösen Gehalts) waren sie aus der Förderung ausgenommen (vgl. Walde 1992, S. 156ff). Dies galt auch für die sorbische Volkskunst, deren Förderung gleichfalls in den Plandokumenten einen herausragenden, oft aber auch den einzigen, Platz einnahm.

Demgegenüber spielten die sorbische professionelle Kunst und Literatur und das sorbische Kulturerbe an geistiger Kultur auf kommunaler Ebene ebenso eine untergeordnete Rolle wie ein möglicher Beitrag der Förderung sorbischer Kultur für die Pflege, Erhaltung und Entwicklung der sorbischen Sprache und die Ausprägung und Festigung des nationalen Selbstbewußtseins der Sorben.

Besonders schwierig gestaltete sich die Realisierung der nationalitätenpolitischen Vorgaben in solchen Kreisen, die nur über eine kleine Zahl von gemischtnationalen Gemeinden verfügten und wo dementsprechend der sorbische Bevölkerungsanteil an der Gesamtbevölkerung des Kreises gering war. Dies betraf vor allem die Kreise Lübben (drei gemischtnationale Gemeinden), Calau (fünf), Forst (zwei), Guben (vier) und Niesky (sieben deutsch-sorbische Gemeinden) (Amtliche Bezeichnungen 1982 S. 80, S. 82, S. 95).

Die Begrenztheit und Reglementierung der sorbischen Kulturentwicklung durch die Nationalitätenpolitik in der DDR verengte einerseits den Entwicklungsrahmen von Kultur und Kunst, andererseits boten die in allen Phasen der Nationalitätenpolitik dennoch vorhandenen Förderungen des Sorbischen vor allem in den 1970er und 1980er Jahren auch Räume, die von den sorbischen Kulturschaffenden und Kulturpolitikern mit größerer Souveränität ausgefüllt werden konnten. Vor allem die sieben Festivals der sorbischen Kultur, die zwischen 1968 und 1989 stattfanden, förderten das sorbische Kulturschaffen. Durch die Bereitstellung erheblicher Mittel war es möglich, an Künstler Auftragswerke zu vergeben, wichtige Werke des sorbischen Kulturerbes - beispielsweise die Oratorien von H. Zejler und K. A. Kocor, die

Missa Solemnis von B. Krawc und zeitgenössische Werke von J. Rawp - zur Aufführung zu bringen und als Schallplatte zu produzieren. In bedeutendem Maße wurde das künstlerische Laienschaffen gefördert. So konnte für die Bewohner der Lausitz durchaus die Existenz einer lebendigen sorbischen Kultur demonstriert werden. Gleichzeitg diente die konzeptionelle Anlage dieser Festivals und die Einbeziehung nicht spezifisch sorbischer Programmteile (bis hin zur Offizierswerbung) der Realisierung allgemeiner, durch die vermeintlichen gesellschaftlichen Erfordernisse im Sozialismus bestimmter, Ziele. Nicht zuletzt waren die Festivals auch Teil der Täuschung und Selbsttäuschung über die tatsächliche Situation im sorbischen Volk. Hinsichtlich der Tätigkeit der staatlichen Institutionen für die sorbischen Angelegenheiten (teilweise ausgenommen die entsprechenden Sektoren/Abteilungen in den Ministerien) kann, ebenso wie für die Mehrzahl der Mitglieder und für einen großen Teil der Funktionäre der Domowina festgestellt werden, daß im Fordergrund ihrer Aktivitäten das Interesse und der Einsatz für das Sorbische stand. Die Institutionen waren bemüht, im jeweils konkret abgestecktem Aufgabenfeld für die Sorben wirksam zu werden, und sie hatten, einmal errichtet, auch eine relative Eigendynamik. Daher konnten in einigen Bereichen der sorbischen Kultur Leistungen vollbracht werden, die den kulturellen Bedürfnissen der Sorben entsprachen und ein anerkanntes Niveau aufwiesen. Dazu gehörten sowohl die Breite und das künstlerische Niveau der sorbischen Literatur, Musik und bildenden Kunst und im Theaterschaffen, die sich mit solchen Vertretern wie J. Brězan, J. Koch, J. Rawp, J. Buk und J. Mětšk, z.T. auch international profilieren konnten. Dazu gehören ferner ein breites volkskünstlerisches Schaffen und eine auf Ursprünglichkeit orientierende Pflege sorbischer Folklore. Auf dem Gebiet der Bildung und der Geisteswissenschaften gehören zu den nennenswerten Leistungen die Herausbildung einer zahlenmäßig relativ großen Gruppe sorbischer Angehöriger der Intelligenz sowie die Profilierung der Sorabistik als anerkannte Größe in der internationalen Slawistik. Dennoch muß im Rückblick auf 40jährige staatliche Sorbenpolitik konstatiert werden, daß sie die Aufgabe, einem kleinen Volk unter den Bedingungen einer industriell entwickelten Gesellschaft stabile und langfristige Existenzgrundlagen zu schaffen, nur unzureichend erfüllte. In den staatlichen Entscheidungen und Programmen - beispielsweise den Perspektivprogrammen der sorbischen Kultur, wie sie seit 1969 für jeweils fünf bis acht Jahre durch das Ministerium für Kultur erarbeitet wurden -, in den Aktivitäten der Domowina und in den von ihr auf Bundeskongressen deklarierten politischen Zielen wurde nicht vorrangig von den existentiellen Lebensinteressen der sorbischen nationalen Gemeinschaft ausgegangen und es blieben auch immer wichtige Bereiche der Kultur und Politik ausgespart, beispielsweise die Profilierung einer demokratischen Sprachenpolitik. Weitgehend und zunehmend blieben ausgespart nichtmarxistisch-leninistische Auffassungen zur Geschichte und Kultur der Sorben und Teile der mit Religion und Kirchentradition verbundenen Kunst und Literatur.

Literaturverzeichnis

AMTLICHE BEZEICHNUNGEN
1982 Amtliche Bezeichnungen in sorbischer Sprache für die Kennzeichnung staatlicher und gesellschaftlicher Organe, Kombinate, Betriebe und Einrichtungen. Herausgegeben von der Abteilung Sorbenfragen des Ministeriums des Inneren der DDR. – Bautzen.

J. V. ARUTJUNIAN - L. M. DROBISHEWA
1987 Mnogoobrazije kulturnoj shizni narodow SSSR. – Moskva.

S. A. ARUTJUNOV
1986 Klassifikacionyje prostranstwo etniceskoi typologii.– In: Sovetskaja etnografija. – Moskva (1986), 4.

S. A. ARUTJUNOV – N. N.TSCHEBOKSAROWA
1972 Peredaca informacii kak mechanizm sushestwowanja etnosocialnych i biologiceskich grup tschelowecestwa.– In: Rasy i narody.– Moskva 2(1972).

M. AZEMBSKI
1970 Z wočomaj Polaka: Reportaža pólskeho nowinarja wo zašłosći a přitomnosći Serbow we Łužicy.- Budyšin.

L. BALKE
1991 Zu gegenwärtigen Veränderungen des baulichen Erscheinungsbildes ausgewählter Gemeinden der Ober- und Niederlausitz. – In: Lětopis C. – Bautzen 34 (1991).

H. BAUSINGER
1982 Kulturelle Identität. – Bonn.
1986 Kulturelle Identität – Schlagwort und Wirklichkeit. In: Ausländer – Inländer. Arbeitsmigration und kulturelle Identität. Untersuchungen der Ludwig-Uhland-Universität Tübingen. 67. Band – Tübingen.

L. BISKY
1982 Zur Analyse kultureller Massenprozesse. – In: Deutsche Zeitschrift für Philosophie. – Berlin 30 (1982).
1985 Zur Entwicklung und Befriedigung kultureller Bedürfnisse. – In: Deutsche Zeitschrift für Philosophie. – Berlin 33 (1985)

C. BOEHM
1990 Die jüngere politische und kulturelle Entwicklung der dänischen nationalen Minderheit in der Bundesrepublik Deutschland und der deutschen nationalen Minderheit im Königreich Dänemark unter besonderer Berücksichtigung des friesischen Bevölkerungsteils in der Bundesrepublik. Bestandsaufnahme 1990. Phil. Diss. Universität Hamburg.

R. BÖCKH
1966 Die statistische Bedeutung der Volkssprache als Kennzeichen der Nationalität. – In: Zeitschrift für Völkerpsychologie und Sprachwissenschaft 4 (1866).

J. BRANKAČK – F. MĚTŠK
1977 Stawizny Serbow: Wot spočatkow hač do lěta 1789. Zwjazk 1. – Budyšin.

J. BRANKAČK
1982 Ratarske a towarstwowe hibanje kónc 19. a spočatk 20. lětstotka. – In: Rozhlad. – Budyšin 32 (1982).

V. J. BROMLEJ
1977 Ethnos und Ethnographie. – Berlin.
1983 Ocerki teorija etnosa. – Moskau.

J. BART-ĆIŠINSKI
1904 Die Literatur der Lausitzer Serben zu Anfang des XX. Jahrhunderts. In: Zhromadźene spisy. IX. – Budyšin 1974.

1905 Die Literatur der Serben mit eingehender Beleuchtung ihrer Stellung in der Gegenwart. In: Zhromadźene spisy. IX. – Budyšin 1974.

B. Cyž
1969 Die DDR und die Sorben: Eine Dokumentation zur Nationalitätenpolitik der DDR. – Bautzen.
1979 Die DDR und die Sorben: Eine Dokumentation zur Nationalitätenpolitik der DDR. Teil II: 1969 – 1979. – Bautzen.

K. J. Dippmann
1985 Das gegenwärtige Sprachgebiet der binationalen Lausitz. – In: Minoritas A 1 – Berlin (1985), 1.

Dokumente
1990 Dokumente des KSZE-Prozesses 1973 – 1989. – Berlin.

L. M. Drobishewa
1985 Nacionalnoje samosoznanije: Baza formirowanja i socialno-kulturnyje razwitije. – In: Sovestskaja etnografija. – Moskwa (1985), S. 5.

Einigungsvertrag
1990 Der Einigungsvertrag: Vertrag zwischen der Bundesrepublik Deutschland und der Deutschen Demokratischen Republik über die Herstellung der Einheit Deutschlands. Der vollständige Text mit allen Ausführungsbestimmungen und Erläuterungen. [o.O.]

L. Elle (sorb. schreibweise: l. ela)
1988 Serbska rěč a kultura w narodnje měšanych swójbach. – In: Rozhlad. – Budyšin 38 (1988).
1989a Nic słowa, skutki su rozsudne. – In: Rozhlad. – Budyšin 39 (1989).
1989b Kak je mjez młodymi na wsach?: Wo socialnej a etniskej strukturje łužiskeje młodźiny. – In: Rozhlad. – Budyšin 39 (1989).
1989c Serbska kultura – narodna zwězba. – In: Rozhlad. – Budyšin 39 (1989).
1989d Wobnowjenje narodnostneje politiki w zjawnym měnjenju łužiskich wobydlerjow. – In: Nowa doba. – Budyšin 43 (1989-12-12) = 292 S. 2.
1990a Stalinizm w narodnostnej politice. – In: Rozhlad. – Budyšin 40 (1990).
1990b Wobknježenje a nałožowanje serbskeje rěče. – In: Rozhlad. – Budyšin 40 (1990).

1990c Hochrechnung zur Zahl der Sorben auf der Grundlage der Komplexforschung: Arbeitsmaterial [Maschinenschr.]. Institut für sorbische Voksforschung. – Bautzen.
1990d Zur Beherrschung und Anwendung der sorbischen Sprache: Studie [Maschinenschr.]. – Institut für sorbische Volksforschung. – Bautzen.
1990e Zur Rolle der sorbischen Kultur: Studie [Maschinenschr.]. – Institut für sorbische Volksforschung. – Bautzen.
1992a Die Sprache als Komponente der Ethnizität der Sorben. Vortrag zur sorabistischen Konferenz des Institutes für sorbische Volksforschung. – In: Lětopis. Zeitschrift für Sorabistik. – Bautzen 1 (1992), 1
1992b Zur aktuellen Sprachsituation der Lausitzer Sorben. – In: Europa Ethika. – Wien 49 (1992), 1

E. Elle – L. Elle
1983 Die Entwicklung der genossenschaftlichen Landwirtschaft der deutsch-sorbischen Lausitz von 1961 bis zur Gegenwart: Diss. A [Maschinenschr.] – Meißen: Hochschule für Landwirtschaftliche Produktionsgenossenschaften.
1987 Entwicklung von Kultur und Lebensweise deutscher und sorbischer Genossenschaftsbauern 1960 bis 1981. – In: Lětopis C. – Bautzen 30 (1987), 31 (1988), 32 (1989), 33 (1990).

F. Ermacora
1964 Der Minderheitenschutz in den Vereinten Nationen. – Wien.
1978 Nationalitätenkonflikt und Volksgruppenrecht. – Wien.

Etnosociologija
1984 Etnosociologija: Celi, metody i nekotoryje resultaty issledowanja. – Moskva.

L. Fiege
1984 Bestimmungsmerkmale zum Bild und zur Struktur des geistig-kulturellen Lebens im Territorium des Kreises. – In: Die Bedeutung der Marxschen Kulturauffassung für die Analyse und Orientierung des geistig-kulturellen Lebens in den Territorien beim Aufbau der entwickelten sozialistischen Gesellschaft, Protokollband. Leipzig

J. Fishman
1975 Soziologie der Sprache: Eine interdisziplinäre sozialwissenschaftliche Betrachtung der Sprache in der Gesellschaft. – München.

F. FÖRSTER
1979 Die Berufstätigenstruktur des deutsch-sorbischen Gebietes von 1971. – In: Lětopis C. – Bautzen 22 (1979).
1986 Die Berufstätigenstruktur des deutsch-sorbischen Gebietes von 1981. – In: Lětopis C. – Bautzen 29 (1986).
1989 K aktualnemu podźělej Serbow na ludnosći. – In: Nowa doba. Budyšin 43 (89-12-23) = 302, S.2.
1990a Die soziale Integration der Sorben im gemischtnationalen Gebiet [Maschinenschr.]. – Institut für sorbische Volksforschung, Arbeitsgruppe Komplexforschung, 1990.
1990b Ličba a socialna integracija Serbow. – In: Rozhlad. – Budyšin 40 (1990).
1991 Siedlungsgebiet, Kriterium und Struktur der Sorben ausgangs der 80er Jahre. – In: Lětopis C. – Bautzen 34 (1991).

GILES – BOURHIS – TALOR
1977 Towards a Theorie of Language in Etnic Group Relations. In: Giles, H. (ed.) Language, Ethnicity and Intergroup Relations. – London.

I.-M. GREVERUS
1978 Kultur und Alltagswelt. – München.
1979 Auf der Suche nach Heimat. – München.

J. GRÓS
1987 Bericht des Bundesvorstandes an den XI. Bundeskonkreß – In: Zwězkowy kongres Domowiny: Protokol. 20. – 21.3.1987. – Bautzen.
1989a Trjebamy wotmołwu na palace prašenja našeho časa. – In: Nowa doba. Budyšin 43 (1989-11-4) = 284 S. 2.
1989b Přehlad wo stawje woknježenja serbskeje rěče. In: – Nowa doba. – Budyšin 43 (1989-12-23) = 284 S. 2.
1990a Wosobinske stejišćo dołhołětneho 1. sekretara zwjazkoweho předsydstva, Jurja Grósa. In: – Nowa doba – Budyšin 44 (1990-03-19) = 66 S. 7.
1990b K někotrym aktualnym prašenjam. – In: Nowa Doba. – Budyšin 44 (1990-6-16) = 129 S. 2.

R. GRULICH – P. PULTE
1975 Nationale Minderheiten in Europa: Eine Darstellung der Problematik mit Dokumenten und Materialien zur Situation der europäischen Volksgruppen und Sprachminderheiten. Hrsg.: Rudolph Grulich und Peter Pulte. Heggen Dokumentation 12.– Opladen.

GRUNDGESETZ
1990 Grundgesetz für die Bundesrepublik Deutschland. – Berlin.

H. HAARMANN
1973 Grundfragen der Sprachregelung in den Staaten der Europäischen Gemeinschaft. – Hamburg.
1975 Soziologie und Politik der Sprachen Europas. – München.
1979a Elemente einer Soziologie der kleinen Sprachen Europas. Band 2: Studien zur Multilingualismusforschung und Ausbaukomparatistik. – Hamburg.
1979b Quantitative Aspekte des Multilingualismus: Studien zur Gruppenmehrsprachigkeit ethnischer Minderheiten in der Sowjetunion. – Hamburg.
1979c (Hrsg.) Sprachenstatistik in Geschichte und Gegenwart. – Hamburg.
1983 Elemente einer Soziologie der kleinen Sprachen Europas. Band 1: Materialien zur Sprachökologie. 3., völlig veränd. u. neu konzipierte Fassung. – Hamburg.
1984 Sprachplanung und Sprachprestige. – In Europa Ethnica. 41 (1984) Wien.
1985 Zur Problematik der ethnischen Grenzen. – In: Europa Ethnica. 42 (1985) Wien.

E. JOHN – L. ELLE
1990 Neue Bedingungen – neue Fragen zur Theorie der Nation und der nationalen Kulturentwicklung in der UdSSR: Einige Erfahrungen der Nationalitätenpolitik in der DDR. – In: Lětopis D. – Bautzen 5 (1990).

M. KASPER
1976 Geschichte der Sorben. Band 3. Von 1917 bis 1945. – Bautzen.
1981 Etniska zhromadnosć – rěč – etniske sebjewědomje. – In: Rozhlad. – Budyšin 31 (1981).
1983 Ludowa drasta – narodna drasta. – In: Rozhlad. – Budyšin 33 (1983).
1987a (ed.): Language and Culture of the Lusatian Sorbs throughout their History. – Berlin.
1987b Der Einfluß der slawischen kulturellen Wechselseitigkeit auf die nationalen Wertvorstellungen der Lausitzer Sorben. – In: Lětopis D. – Bautzen 2 (1987).
1988a Über Struktur und Funktion des Selbstbewußtseins ethnischer Minderheiten: Referat. [Maschinenschr.]

1988b Serbšćina jako předmjet rěčneje politiki. – In: Rozhlad. – Budyšin 38
1989 Runoprawosć Serbow ma so zachować. In: Nowa doba. – Budyšin 43 (1989-11-17)=184 S.2.
1990 Sorbisches nationales Selbstbewußsein, zwischenethnische Beziehungen, Assimilationsprozesse. [Maschinenschr.] – Institut für sorbische Volksforschung, Arbeitsgruppe Komplexforschung 1990. – Bautzen.

H. Kloss
1969 Grundfragen der Ethnopolitik im 20. Jahrhundert. – Wien – Stuttgart.

B. Korjeńk
1986 Nałožowanje serbskeje rěče – wosebity zajim Serbow. In: Rozhlad. – Budyšin 36 (1986).

Kreistag Lübben
1987 Konzeption zur Entwicklung des geistig-kulturellen Lebens im Kreis Lübben bis 1990: Kreistag Lübben. Lübben den 19.02.1987 [Maschinenschr. vervielf.].

T. Malinkowa
1988a Serbja a serbska rěč. – In. Nowa doba. – Budyšin 42 (1988-5-14)=114 S. 8, (1988-5-21)=120 S. 7, (1988-6-4)=131 S.6.
1988b Zur Veränderung der nationalen Struktur in der Kirchgemeinde Gröditz in den Jahren von 1881 bis 1940. In: Lětopis (B) – Bautzen 35 (1988).

T. Malinkowa – M. Hendrich – S. Kozel
1989 Zwěsćenje a realne posudźowanje narodneje situacije. – In: Nowa doba. – Budyšin 43 (1989-12-9)=290 S.20.

R. Marti
1990 Probleme europäischer Kleinsprachen: Sorbisch und Bündnerromanisch. In Vorträge und Abhandlungen zur Slavistik. Band 18. – München.
1992 Die Sorben – Prüfstein und Experimentierfeld für Nationalitätenpolitik. – In: Europa Ethnika. - Wien 49 (1992), 1.

F. Merkac
1986 Lebenswelten slowenischer Jugendlicher: Volksgruppenidentitätsfindung – Emanzipation in Kärnten. – Klagenfurt/Celovec.

S. Messtorf
1987 Die Rechtsstellung der ethnischen Minderheiten in der Bundesrepublik Deutschland. (Europäische Hochschulschriften: Reihe 2, Rechtswissenschaften; Bd. 620). – Frankfurt a.M.; Bern; New York; Paris.

F. Michalk
1977 Wo sociolinguistiskej situaciji publikuma serbskeho spisowaćela In: Rozhlad. – Budyšin 27 (1977).
1978 Dialekty a spisowna rěč w Serbach w swětle sociolinguistiki. In: Rozhlad. – Budyšin 28 (1978).
1989 Thesen zu ethnolinguistischen Aspekten. [Maschinenschr.]. Institut für sorbische Volksforschung, Arbeitsgruppe Komplexforschung 1989. – Bautzen.

Ministerrat
1961 Ministerrat der Deutschen Demokratischen Republik. Beschluß über die Regelung der Verantwortlichkeit der betreffenden örtlichen und zentralen staatlichen Organe auf dem Gebiet der Nationalitätenpolitik gegenüber der sorbischen nationalen Minderheit. – Berlin.

A. Muka
1884 Statistika Serbow. – In: Časopis Maćicy Serbskeje. XXXVII. – Budyšin.
1885 Statistika hornjołužiskich Serbow pruskeho kralestwa. – In: Časopis Maćicy Serbskeje. XXXVIII. – Budyšin.
1886 Statistika Serbow sakskeho kralestwa. – In: Časopis Maćicy Serbskeje. XXXIX. – Budyšin.

T. Nawka
1985 Die „Deutsch-sorbischen Dorffestspiele" in Bröthen (Kreis Hoyerswerda): Eine Untersuchung zur Fest- und Feiergestaltung. In: – Lětopis C. – Bautzen 28 (1985), 29 (1986).

P. Nedo
1977 (Hrsg.): Sorabistiske přednoški. – Bautzen.
1981 Sorbische Kultur. – In: Beiträge für Lehrer und Erzieher im zweisprachigen Gebiet. – Bautzen.
1982 Mały lud a jeho kultura. – In Rozhlad. – Budyšin 32 (1982).

Ph. Nelde
1980 (ed.): Sprachkontakt und Sprachkonflikt – Language in contact and conflict – Taalcontact en taalconflict. – Wiesbaden.

P. Nowotny
1965a Volkskundliche Gegenwartsforschung. Radibor (Kreis Bautzen) 1963/64. Forschungsbericht [Maschinenschr.] – Institut für sorbische Volksforschung – Bautzen.
1965b Einige Ergebnisse volkskundlicher Gegenwartsforschung in Radibor (Kreis Bautzen). – In: Lětopis C. – Bautzen 8 (1965).
1976 (Hrsg.) Groß Partwitz: Wandlungen eines Lausitzer Heidedorfes. – Bautzen.

F. Oelssner
1955 Sorben und Deutsche haben die gleichen Interessen: Begrüßungsansprache auf dem III. Bundeskongreß der Domowina am 28. März 1955 in Bautzen. – Bautzen.
1957 Diskussionsbeitrag des Genossen Prof. Fred Oelßner. – In: Protokol IV. Zwjazkoweho kongresa Domowiny. – Budyšin.

Perspektivprogramm der Sorbischen Kultur
1969 Perspektivprogramm der sorbischen Kultur. – Berlin.
1978 Perspektivprogramm der sorbischen Kultur. – Berlin.
1987 Perspektivprogramm der sorbischen Kultur. – Berlin.

Protokol na zeńdźenju Domowinskeho předsydstwa
Protokol na zeńdźenju Domowinskeho předsydstwa z cyrkwinskimi zastupjerjemi dnja 3.10.49 w Kulturnym zarjedźe. Archiv des Ministeriums des Inneren der DDR. Abteilung Sorbenfragen. Sign.: AZG 0823

H. Protze
1974 Typische Erscheinungen deutsch-sorbischer Interferenz unter Berücksichtigung ihrer sozialen Bedingtheit. – In: Aktuelle Probleme der sprachlichen Kommunikation: Soziolinguistische Studien zur sprachlichen Situation in der Deutschen Demokratischen Republik. – Berlin.

F. Rajš
1989 Oficialne zniženje ličby Serbow – přenjotny nadawk? – In: Nowa doba. – Budyšin 43 (1989-12-30) = 306 S.3.

K. J. Schiller
1985 Die zwei Tendenzen in der nationalen Frage und die Sorben. Schriftenreihe für Lehrer und Erzieher im deutsch-sorbischen Gebiet. – Bautzen.

K. J. Schiller – M. Thiemann
1979 Geschichte der Sorben. Band 4. Von 1945 bis zur Gegenwart. – Bautzen.

H. Schuster-Šewc
1982 Rěč łužiskich Serbow a jeje spěchowanje. – In: Rozhlad. – Budyšin 32 (1982).
1989 Die Förderung des Sorbischen in der DDR. In: Zeitschrift für Slawistik. Band 34 (1989) Heft 4. – Berlin.

Směrnicy za rjadowanje šulstwa
1952 Směrnicy za rjadowanje šulstwa w dwurěčnych kónčinach Sakskeje a Braniborskeje z dnja 9. apryla 1952. – In: Serbska šula. – Budyšin 5 (1952) S. 69

E. Sobe
1970 Die Verwirklichung der marxistisch-leninistischen Nationalitätenpolitik der Sozialistischen Einheitspartei Deutschlands und der Staatsmacht der Deutschen Demokratischen Republik beim Aufbau der sozialistischen Schule im Bezirk Dresden (1949/52 – 1958). Phil. Diss. Pädagogische Hochschule Potsdam.
1975 Die Entwicklung der sorbischen Schulen und der Schulen mit sorbischem Sprachunterricht im Bezirk Dresden 1949–1958. – In: Lětopis B. – Bautzen 22 (1975), 2.

J. Šołta – H. Zwahr
1974 Geschichte der Sorben. Band 2. Von 1789 bis 1917. – Bautzen.

Sorabus
1980 Der Untergang der Polaben. – Berlin.

Starosće wo serbsku wučbu B
1989 Starosće wo serbsku wučbu B. – In: Nowa doba. – Budyšin 43 (1989-12-2)=284, S. 8

Statistisches Taschenbuch
1988 Statistisches Taschenbuch der Deutschen Demokratischen Republik. – Berlin.

M. Thiemann
1977 Die Domowina in den ersten Jahren des sozialistischen Aufbaus in der Deutschen Demokratischen Republik (1949-1955). – Bautzen.

E. Tschernik
1954 Die Entwicklung der sorbischen Bevölkerung. – Berlin.
1956a Ausführlicher Abschlußbericht: Die gegenwärtigen demographischen, volkskundlichen und sprachlichen Verhältnisse in der zweisprachigen (sorbischen) Lausitz. – In: Sorbisches Kulturarchiv: XXXII, 22D.
1956b Statistika serbskeje ludnosće w dwurěčnych kónčinach Łužicow 1955/1956. – In: Sorbisches Kulturarchiv: XVII, 14 A.

TH. VEITER
1977 Nationalitätenkonflikt und Volksgruppenrecht im ausgehenden 20. Jahrhundert. – Wien 1977 und 1979.
1984 Entwurf einer europäischen Charta der Regional- und Minderheitensprachen. – In: Europa Ethnica. – Wien 41 (1984) 3.

VIERTE DURCHFÜHRUNGSBESTIMMUNG
1968 Vierte Durchführungsbestimmung zum Gesetz über das einheitliche sozialistische Bildungssystem – Bildung und Erziehung im zweisprachigen Gebiet der Bezirke Cottbus und Dresden – vom 20. Dezember 1968.

M. VÖLKEL
1984 Serbske nowiny a časopisy w zašłosći a přitomnosći. – Budyšin.

M. WALDE
1992 Sorbische Bräuche in Raum und Zeit: Eine Bestandsaufnahme. Phil. Diss. Humboldt–Universität Berlin.

J. WUJEŠ
1958 Kulturna konferenca Domowiny. – In: Rozhlad. – Budyšin VIII (1958).

X. SCHRIFTSTELLERKONGRESS
1988 X. Schriftstellerkongreß der Deutschen Demokratischen Republik. Plenum. – Ber-lin und Weimar.

ZPA/INSTITUT FÜR GESCHICHTE DER ARBEITERBEWEGUNG.
Dokument 1
    Bemerkungen zum Vorschlag des Instituts für sorbische Volksforschung im Frühjahr eine ethnosoziologische Massenbefragung in den Bezirken Cottbus und Dresden durchzuführen. Sign.: IfGA ZPA IV A2/13/137
Dokument 2
    Disposition für den Diskussionsbeitrag auf der Staatsfunktionärs-Konferenz in Babelsberg. Bautzen 14. 2. 1959. Sign.: IfGA ZPA IV 2/13/384
Dokument 3
    Brief von Kurt Krenz an Fred Oelßner vom 16.1.1952. Sign.: IfGA ZPA IV 2/1 3/574
Dokument 4
    Bericht über die Aussprache der Bezirksleitung Cottbus mit den Genossen der Domowina am 18.11.1957. Sign.: IfGA ZPA IV 2/13/382
Dokument 5
    Bericht über das Ergebnis des III. Bundeskongresses der Domowina vom 27. bis 29.3.1955 in Bautzen. Berlin, 1.4.1955. Sign.: IfGA ZPA IV 2/13/380
Dokument 6
    Information für die Mitglieder des Sekretariats des ZK: Berlin, den 2. Juli 1964. Sign.: IfGA ZPA IV 2/13/386
Dokument 7
    Besprechung mit den Vertretern der Domowina am 21. November 1947 im Zentralhaus der Einheit. Sign.: IfGA ZPA 36/741

ZUSAMMENSTELLUNG
1989 Zusammenstellung einiger ausgewählter schulpolitischer Dokumente für Schulen im zweisprachigen Gebiet – In: Schriftenreihe für Lehrer und Erzieher im zweisprachigen Gebiet. Heft 4/5 1989. – Bautzen.

H. ZWAHR
1984 Meine Landsleute. – Bautzen.

DATENBANKEN DES INSTITUTES FÜR SORBISCHE VOLKSFORSCHUNG
Abonnenten sorbischer Presseerzeugnisse der Domowina 1987.

Volks-, Berufs-, Wohnraum- und Gebäudezählung 1981.

Befragung in zwei Domowinagruppen 1989.

Komplexforschung 1987.

Befragung in 50 Domowinagruppen 1987.

Befragung sorbischer und deutscher Einwohner zu aktuellen Entwicklungen, Dezember 1989.

Erfassung der Sprachkenntnisse von Domowinamitgliedern 1989.

AKADEMIE DER WISSENSCHAFTEN DER DDR
Institut für sorbische Volksforschung

Untersuchung zur Lebensweise in der Lausitz

> Registriervermerk
> Registriert als einmalige
> Bevölkerungsbefragung unter der
> Reg.-Nr. 5410/6/030 am 24.1.1986
> Befristet bis zum 30.6.1987
> Staatliche Zentralverwaltung
> für Statistik

Liebe deutsche und sorbische Bürger!

Wir wenden uns heute an Sie mit der Bitte, die in diesem Fragebogen gestellten Fragen gewissenhaft zu beantworten. Damit unterstützen Sie eine soziologische Untersuchung, die das Leben auf dem Lande, Interessen und Bräuche der Einwohner, Zusammenleben von Deutschen und Sorben erkunden und damit helfen soll, das Leben in den Dörfern der Lausitz noch schöner und kulturvoller zu gestalten. Der Erfolg dieser Befragung hängt wesentlich von einer vollständigen und sorgfältigen Beantwortung aller Fragen ab, worum wir Sie bitten. Änderungen nach Rückgabe des Fragebogens sind nicht möglich.

Die Beantwortung des Fragebogens erfolgt anonym. Ihre Angaben werden ausschließlich für statistische Zusammenstellungen verwandt. Ihr Name und Ihre Anschrift werden nicht erfaßt, alle Angaben werden streng vertraulich behandelt.

Lesen Sie bitte die Fragen und Antwortmöglichkeiten sowie Hinweise und Erläuterungen der Reihe nach genau durch. Kreuzen Sie danach die Ihrer ganz persönlichen Meinung entsprechenden Antworten in den vorgedruckten Klammern an bzw. schreiben Sie Ihre Antwort auf die vorgedruckte Zeile (von den Zahlen am rechten Rand des Fragebogens lassen Sie sich bitte nicht stören, sie dienen nur der rechentechnischen Auswertung).

Wenn Ihnen beim Ausfüllen des Fragebogens etwas **unklar ist**, wenden Sie sich bitte an unseren Mitarbeiter, der Ihnen gern helfen wird.

Wir danken Ihnen vielmals für Ihr Verständnis und Ihre Unterstützung.

Prof. Dr. sc. Martin Kasper
Institutsdirektor

( )( )( )( )( )( )( )(1)
(1)(2)(3)(4)(5)(6)(7)

Vielseitig ist heute schon das kulturelle Leben auf dem Lande. Dazu möchten wir Ihnen die ersten Fragen stellen.

Bitte kreuzen Sie bei <u>jeder</u> Frage die zutreffende bzw. alle zutreffenden Antworten an!

01.1. Wenn in Ihrem Ort oder in der Umgebung ein Dorf- oder Heimatfest veranstaltet wird, beteiligen Sie sich im allgemeinen daran?
- ja, aktiv bei Vorbereitung oder Durchführung ( )1 (8)
- ja, als Zuschauer ( )2
- aus gesundheitlichen Gründen selten ( )3
- aus geringem Interesse selten ( )4
- nein ( )5

01.2. Was sollte auf Dorffesten vor allem dargeboten werden? (Kreuzen Sie bitte bis zu 5 Möglichkeiten an!)
- Darstellung örtlicher Traditionen (z. B. Darstellung von alten Arbeitsbräuchen wie Flachsbearbeitung, Flegeldrusch) ( )1 (9)
- Vorführung von sorbischen Hochzeiten ( )1 (10)
- Programme der Konzert- und Gastspieldirektion ( )1 (11)
- Sportveranstaltungen ( )1 (12)
- Auftritte sorbischer Kulturgruppen ( )1 (13)
- Kinderbelustigungen ( )1 (14)
- Ausstellungen (z. B. künstlerisches Volksschaffen, Ortsgeschichte) ( )1 (15)
- anderes; nämlich .... ( )1 (16)
- ich weiß nicht ( )1 (17)

01.3. Waren Sie im letzten Jahr im Kino oder Theater?

	Kino	Theater
- nein	( )1 (18)	( )1 (19)
- ja, einmal	( )2	( )2
- ja, zwei- oder dreimal	( )3	( )3
- ja, mehr als dreimal	( )4	( )4

01.4. Wo besuchen Sie sorbische Kulturveranstaltungen lieber? (Bitte in jeder Zeile das Zutreffende ankreuzen!)

	In Ihrer (bzw. benachbarten) Gemeinde	In der Stadt	beides gleich	besuche ich nicht	
	1	2	3	4	
- Aufführungen des Deutsch-Sorbischen Volkstheaters	( )	( )	( )	( )	(20)
- Aufführungen sorbischer Laientheater	( )	( )	( )	( )	(21)
- Auftritte sorbischer Kulturgruppen	( )	( )	( )	( )	(22)
- Ausstellungen sorbischer Künstler	( )	( )	( )	( )	(23)

01.5. Nennen Sie alle sorbischen Bräuche, die Sie kennen!

....   ( ) (24)

....

....

Kommen wir zu einem zweiten Komplex: Uns interessiert Ihre Meinung über das Zusammenleben von Deutschen und Sorben in der Lausitz.

Dazu einige Fragen:

02.1. Welcher Nationalität sind Ihre nächsten Nachbarn?

- vorwiegend deutsch ( )1 (25)
- vorwiegend sorbisch ( )2
- beide annähernd gleich ( )3
- ich weiß nicht genau ( )4

02.2. Welcher Nationalität ist Ihr Bekannten- und Freundeskreis?

- vorwiegend deutsch ( )1 (26)
- vorwiegend sorbisch ( )2
- beide annähernd gleich ( )3
- ich weiß nicht genau ( )4

02.3. Wie setzt (bzw. setzte) sich Ihr Arbeitskollektiv der Nationalität nach zusammen?

- vorwiegend (nur) Deutsche ( )1 (27)
- vorwiegend (nur) Sorben ( )2
- Deutsche und Sorben in etwa gleichem Anteil ( )3
- ich weiß nicht genau ( )4
- trifft für mich nicht zu ( )5

02.4. Hat die gemeinsame Arbeit von Deutschen und Sorben in einem Arbeitskollektiv nach Ihrer persönlichen Meinung Bedeutung für die Beziehungen im Kollektiv?

- in einem gemischten Kollektiv ist die Arbeit angenehmer ( )1 (28)
- die nationale Zusammensetzung hat kaum Bedeutung für die Beziehungen im Kollektiv ( )2
- in einem gemischten Kollektiv ist die Arbeit komplizierter ( )3
- ich weiß nicht ( )4
- trifft für mich nicht zu ( )5

02.5. Was für eine nationale Zusammensetzung Ihres Arbeitskollektivs würden Sie bevorzugen?

- ich würde ein gemischtes Kollektiv bevorzugen ( )1 (29)
- ich würde die gemeinsame Arbeit nur mit deutschen Kollegen bevorzugen ( )2
- ich würde die gemeinsame Arbeit nur mit sorbischen Kollegen bevorzugen ( )3
- mir ist das egal ( )4
- ich weiß das nicht genau ( )5
- trifft für mich nicht zu ( )6

03. Es ist bekannt, daß der Staat die sorbische Kultur und Sprache fördert. Reicht Ihrer Meinung nach diese Förderung aus?
- es wird eher zu viel getan ( )1 (30)
- die Förderung hat das richtige Maß ( )2
- es sollte noch mehr dafür getan werden ( )3
- ich kann das nicht beurteilen ( )4

04. Manche sagen, die Sorben in der Oberlausitz (um Bautzen und Kamenz) und in der Niederlausitz (um Cottbus und im Spreewald) seien gleicher Nationalität, andere wieder meinen, sie seien verschiedene Nationalitäten. Welche der beiden Meinungen finden Sie richtig?
- es ist <u>eine</u> Nationalität ( )1 (31)
- es sind <u>zwei</u> verschiedene Nationalitäten ( )2
- ich weiß das nicht genau ( )3

05. In Gemeindevertretungen und Kreistagen sind auch sorbische Abgeordnete vertreten. Reicht Ihrer Meinung nach deren Zahl aus?
Meines Erachtens
- sind es eher zu viele ( )1 (32)
- reicht ihre Zahl aus ( )2
- sollten es noch mehr sein ( )3
- ich kann das nicht beurteilen ( )4

<u>In der Lausitz wird neben deutsch auch sorbisch gesprochen, und dazu haben wir folgende Fragen:</u>

06.1. Welche ist (bzw. welche sind) Ihre Muttersprache(n)?
- deutsch ( )1 (33)
- sorbisch ( )2
- beide ( )3
- eine andere oder weitere: .... ( )4

06.2. Wo haben Sie welche Sprache <u>sprechen</u> gelernt?
(Kreuzen Sie bitte alles Zutreffende an!)

	sorbisch	deutsch
- im Elternhaus	( )1 (34)	( )1 (39)
- von den Nachbarkindern	( )1 (35)	( )1 (40)
- in Kinderkrippe/-garten	( )1 (36)	( )1 (41)
- in der Schule	( )1 (37)	( )1 (42)
- anderswo:	( )1 (38)	( )1 (43)

07.1. Können Sie Obersorbisch ("wendisch")?
(Kreuzen Sie bitte alles Zutreffende an!)

	ja	etwas	nein	
	1	2	3	
- verstehen	( )	( )	( )	(44)
- sprechen	( )	( )	( )	(45)
- lesen	( )	( )	( )	(46)
- schreiben	( )	( )	( )	(47)

07.2. Können Sie Niedersorbisch ("wendisch")?
(Kreuzen Sie bitte alles Zutreffende an!)

	ja	etwas	nein	
	1	2	3	
- verstehen	( )	( )	( )	(48)
- sprechen	( )	( )	( )	(49)
- lesen	( )	( )	( )	(50)
- schreiben	( )	( )	( )	(51)

08.1. Wenn in meiner Gegenwart eine Unterhaltung
sorbisch geführt wird
- freue ich mich ( )1 (52)
- halte ich es für selbstverständlich ( )2
- ist es mir gleichgültig ( )3
- halte ich es allgemein für unhöflich ( )4
- stört es mich persönlich ( )5
- weiß ich nicht zu beurteilen ( )6

08.2. Wenn auf einer Versammlung, an der auch Sorben teilnehmen, auch einige Sätze (z. B. zur Begrüßung) sorbisch gesprochen werden
- freue ich mich ( )1 (53)
- halte ich es für selbstverständlich ( )2
- ist es mir gleichgültig ( )3
- halte ich es allgemein für unhöflich ( )4
- stört es mich persönlich ( )5
- weiß ich nicht zu beurteilen ( )6

09.1. Welche Sprache(n) haben Sie im Elternhaus gesprochen?
- immer bzw. meistens sorbisch ( )1 (54)
- deutsch und sorbisch etwa gleich ( )2
- immer bzw. meistens deutsch ( )3

09.2. Wie sprechen Sie in der Familie?
- immer bzw. meistens sorbisch ( )1 (55)
- deutsch und sorbisch etwa gleich ( )2
- immer bzw. meistens deutsch ( )3

09.3. Wie sprechen Sie im Arbeitskollektiv?
- immer bzw. meistens sorbisch ( )1 (56)
- deutsch und sorbisch etwa gleich ( )2
- immer bzw. meistens deutsch ( )3
- ich bin in keinem Arbeitskollektiv ( )4

09.4. Wie sprechen Sie mit Ihren sorbischen Nachbarn und Bekannten?
- meistens sorbisch ( )1 (57)
- deutsch und sorbisch etwa gleich ( )2
- meistens deutsch ( )3
- ich habe keine sorbischen Nachbarn oder Bekannten ( )4

10. Meinen Sie, daß Sie sich mit Hilfe des Sorbischen mit Polen, Tschechen, Slowaken usw. verständigen können?
- ja ( )1 (58)
- teilweise ( )2
- nein ( )3
- trifft für mich nicht zu ( )4

In der Lausitz ist geregelt, daß zweisprachige Ortstafeln und Straßenschilder anzubringen sind. Was meinen Sie dazu?

11.1. Diese Bestimmung
- finde ich richtig ( )1 (59)
- ist mir egal ( )2
- finde ich unnötig ( )3

11.2. Nach meiner Meinung
- wird diese Bestimmung konsequent verwirklicht ( )1 (60)
- wird gegen diese Bestimmung manchmal verstoßen ( )2
- ich kann das nicht beurteilen ( )3

12. Finden Sie es richtig, daß Kinder in der Schule Sorbisch lernen?
- ja ( )1 (61)
- nein ( )2
- es ist mir gleichgültig ( )3

<u>Noch einmal zur Kultur:</u>

13.1. Was halten Sie davon, daß auch deutsche Kulturgruppen sorbische Lieder und Tänze in ihr Programm aufnehmen?
- ich finde das gut ( )1 (62)
- mir ist das egal ( )2
- ich finde das nicht so gut ( )3

13.2. Sorbische Kulturgruppen führen auch deutsche Lieder und Tänze auf. Was meinen Sie dazu?
- ich finde das gut ( )1 (63)
- mir ist das egal ( )2
- ich finde das nicht so gut ( )3

14. Welche der angeführten Bräuche würden Sie als typisch sorbische bezeichnen?

	ja 1	teil- weise 2	nein 3	ich weiß nicht genau 4	
- Vogelhochzeit	( )	( )	( )	( )	(64)
- Zampern	( )	( )	( )	( )	(65)
- Osterreiten	( )	( )	( )	( )	(66)
- Ostereierverzieren	( )	( )	( )	( )	(67)
- Hahnrupfen	( )	( )	( )	( )	(68)
- Jahrmarkt	( )	( )	( )	( )	(69)
- Kirmes	( )	( )	( )	( )	(70)

15. Beschäftigen Sie sich mit sorbischen Volkskunsttechniken?
    - Ostereierverzieren ( )1 (71)
    - Anfertigen von Gebildgebäck (Nowolětki) ( )1 (72)
    - weitere (welche?): .... ( )1 (73)
    - nein ( )1 (74)

16.1. Nehmen Sie an Veranstaltungen der sorbischen Kultur (wie Vogelhochzeit, Festival der sorbischen Kultur, Zapust u. ä.) teil?
    - ja, regelmäßig ( )1 (75)
    - ja, manchmal ( )2
    - nein ( )3

( )( )( )( )( )( )(2)
(1)(2)(3)(4)(5)(6)(7)

16.2. Wenn ja, welches sind Ihre hauptsächlichen Gründe? (Kreuzen Sie diese bitte alle an!)
    - ich finde Gefallen an der sorbischen Kultur ( )1 (8)
    - ich möchte die sorbische Kultur fördern ( )1 (9)
    - aus Freude an Geselligkeit ( )1(10)
    - aus Gewohnheit, Tradition ( )1(11)
    - schwer zu sagen, aber ich nehme gern teil ( )1(12)
    - trifft für mich nicht zu ( )1(13)

17.1. Wenn in Ihrem Ort oder in der Umgebung traditionelle Bräuche (Maibaumstellen, Hexenbrennen, Fastnacht usw.) gepflegt werden, beteiligen Sie sich daran?
- ja, aktiv bei Vorbereitung und Durchführung ( )1 (14)
- ja, als Zuschauer ( )2
- aus gesundheitlichen Gründen selten ( )3
- aus geringem Interesse selten ( )4
- nein ( )5

17.2. In einigen Dörfern werden sorbische Bräuche wieder aufgenommen, die schon längere Zeit nicht mehr gepflegt wurden. Halten Sie das für
- erstrebenswert, aber nur in überlieferter Weise ( )1 (15)
- erstrebenswert, aber sie sollten modernisiert werden ( )2
- überflüssig, weil z. B. schon genügend Ersatz dafür besteht ( )3
- nicht anzustreben, da keine Beziehung mehr dazu vorhanden ist ( )4
- ich weiß nicht ( )5

Die folgenden vier Fragen wenden sich <u>nur an Frauen und Mädchen:</u>

18.1. Tragen Sie heute die sorbische Volkstracht?
- täglich ( )1 (16)
- gelegentlich ( )2
- nein ( )3

18.2. Falls gelegentlich, zu welchen Gelegenheiten? (Kreuzen Sie bitte alle zutreffenden an!)
- zu Familienfeiern ( )1 (17)
- in Kulturgruppen ( )1 (18)
- zu Dorffesten, Festivals u. ä. ( )1 (19)
- zu kirchlichen Veranstaltungen ( )1 (20)
- zu anderen: .... ( )1 (21)
- trifft für mich nicht zu ( )1 (22)

18.3. Haben Sie früher sorbische Tracht getragen?
- täglich ( )1 (23)
- gelegentlich ( )2
- nein ( )3

18.4. Fertigen Sie sorbische Trachten oder Teile davon selbst an? (Bitte alles Zutreffende ankreuzen!)
- ja, für den eigenen Bedarf ( )1 (24)
- ja, für andere Trachtträgerinnen ( )1 (25)
- nein ( )1 (26)

Jetzt wieder für alle eine kleine Aufgabe:

19. Im Betrieb bzw. im Gemeindeverband wird über die Kulturarbeit beraten. Kollege A fordert, auch die sorbische Kultur in den Plan einzubeziehen, Kollege B meint dagegen, das würde zu unnötiger Arbeit und Geldausgaben führen und sei nicht notwendig. Wer hat recht?
- Kollege A hat recht ( )1 (27)
- Kollege B hat recht ( )2
- ich weiß nicht ( )3

Kommen wir zu einem weiteren Gebiet: **Gelesen wird heutzutage in jeder Familie; dazu möchten wir von Ihnen gern wissen:**

20.1. Wieviel deutschsprachige Zeitungen und Zeitschriften lesen Sie regelmäßig?

	Tages-zeitungen	Zeit-schriften
- keine	( )1 (28)	( )1 (29)
- 1	( )2	( )2
- 2 und mehr	( )3	( )3

20.2. Lesen Sie sorbische Zeitungen oder Zeitschriften
- ja ( )1 (30)
- nein ( )2

20.3. Welche sorbischen Zeitungen und Zeitschriften lesen Sie (Kreuzen Sie bitte das Zutreffende an!)

	regelmäßig	manchmal	
	1	2	
– Tageszeitung Nowa doba	( )	( )	(31)
– Samstagsausgabe Nowa doba	( )	( )	(32)
– Nowy Casnik	( )	( )	(33)
– Rozhlad	( )	( )	(34)
– Serbska šula	( )	( )	(35)
– Płomjo / Płomje	( )	( )	(36)
– Katolski Posoł	( )	( )	(37)
– Pomhaj Bóh	( )	( )	(38)
– trifft für mich nicht zu		( )1	(39)

20.4. Welche Beiträge in der Nowa doba oder im Nowy Casnik interessieren Sie besonders? (Kreuzen Sie bitte alles Zutreffende an!)

- die (engere) Heimat ( )1 (40)
- Kultur ( )1 (41)
- Sport ( )1 (42)
- das politische Leben in der DDR und im Ausland ( )1 (43)
- Geschichte ( )1 (44)
- das Leben in den Domowina-Gruppen ( )1 (45)
- Menschen unserer Zeit ( )1 (46)
- Fortsetzungsromane ( )1 (47)
- trifft für mich nicht zu ( )1 (48)

21. Wieviel Bücher lesen Sie jährlich?

	in deutscher Sprache	in sorbischer Sprache
– keine	( )1 (49)	( )1 (50)
– 1	( )2	( )2
– 2 bis 3	( )3	( )3
– 4 bis 5	( )4	( )4
– mehr als 5	( )5	( )5

22. Besitzen Ihre Kinder <u>unter 16 Jahren</u> sorbische Kinderbücher?
    - ja   ( )1 (51)
    - nein   ( )2
    - trifft für mich nicht zu   ( )3

23. Wonach wählen Sie Bücher bei Kauf oder Ausleihe aus? (Kreuzen Sie bitte alles Zutreffende an!)
    - Hinweise von Verwandten, Freunden, Bekannten ( )1 (52)
    - Veröffentlichungen in Zeitungen und Zeitschriften ( )1 (53)
    - Name des Verfassers ( )1 (54)
    - äußere Buchgestaltung ( )1 (55)
    - Inhalt ( )1 (56)
    - anderes: .... ( )1 (57)
    - ich wähle keine aus ( )1 (58)

24.1. Befriedigt Sie das Angebot von Büchern über die (engere) Heimat?
    Das Angebot ist
        - nicht ausreichend ( )1 (59)
        - ausreichend ( )2
        - ich weiß nicht ( )3

24.2. Befriedigt Sie das Angebot deutschsprachiger Bücher über die Sorben?
    Das Angebot ist
        - nicht ausreichend ( )1 (60)
        - ausreichend ( )2
        - ich weiß nicht ( )3

25. Schreiben Sie bitte alle sorbischen Persönlichkeiten der Geschichte und Gegenwart auf, die Sie kennen! ( ) (61)

    ....
    ....
    ....

26. Haben Sie sorbische Kalender? (Kreuzen Sie bitte
 alle vorhandenen an!)
- Serbska pratyja oder Serbska protyka ( )1 (62)
- Moja domizna / Moja domownja / Meine Heimat ( )1 (63)
- Křinja oder Die Truhe ( )1 (64)
- keine ( )1 (65)

27.1. Auf welche Weise beschaffen Sie sich Bücher in
 sorbischer Sprache? (Kreuzen Sie bitte alles
 Zutreffende an!)
- Kauf in der Stadt ( )1 (66)
- Kauf in der Dorfverkaufsstelle ( )1 (67)
- Freundeskreis des sorbischen Buches (Koło
 přećelow serbskeje knihi) ( )1 (68)
- ich kaufe Kalender beim Verkäufer im Dorf ( )1 (69)
- ich lasse sie mir schenken ( )1 (70)
- Ausleihe in der Bücherei .... ( )1 (71)
- andere, nämlich .... ( )1 (72)
- ich beschaffe mir keine sorbischen Bücher ( )1 (73)

( )( )( )( )( )( )(3)
(1)(2)(3)(4)(5)(6)(7)

27.2. Was lesen Sie in welcher Sprache besonders gern?
(Bitte das jeweils Zutreffende ankreuzen!)

	sorbisch	deutsch	beide gleich	lese ich nicht	
	1	2	3	4	
- Gegenwartsliteratur allgemein	( )	( )	( )	( )	(8)
- Gegenwartsliteratur über die Sorben	( )	( )	( )	( )	(9)
- historische Literatur allgemein	( )	( )	( )	( )	(10)
- historische Literatur über die Sorben	( )	( )	( )	( )	(11)
- Heimatliteratur	( )	( )	( )	( )	(12)
- Liebesgeschichten	( )	( )	( )	( )	(13)
- Literatur über andere Länder	( )	( )	( )	( )	(14)
- Erinnerungen bedeutender Personen	( )	( )	( )	( )	(15)
- Märchen	( )	( )	( )	( )	(16)

27.3. Kreuzen Sie bitte alles an, was Sie von Schriftstellern in sorbischer Sprache vor allem behandelt haben möchten!
- die Heimat mit ihren Menschen und ihrer Natur ( )1 (17)
- Geschehnisse aus der Geschichte der Sorben ( )1 (18)
- das gegenwärtige Leben der Sorben ( )1 (19)
- Märchen und Sagen ( )1 (20)
- Biographien, Erinnerungen ( )1 (21)
- Geschichte und Leben anderer Völker ( )1 (22)
- Abenteuer-, Kriminal- und utopische Stoffe ( )1 (23)
- ich weiß nicht genau ( )1 (24)
- ich lese keine sorbischen Bücher ( )1 (25)

28.1. Hören Sie die sorbischsprachigen Rundfunksendungen?

	sonntags	wochentags
– regelmäßig	( )1 (26)	( )1 (27)
– hin und wieder	( )2	( )2
– nie	( )3	( )3

28.2. Was meinen Sie zu den sorbischen Rundfunksendungen?
- sie sollten erweitert werden ( )1 (28)
- sie reichen aus ( )2
- sie könnten eingeschränkt werden ( )3
- ich habe dazu keine Meinung ( )4

28.3. Kreuzen Sie bitte alles an, was in sorbischen Rundfunksendungen stärker vertreten sein sollte!
- sorbische Volkslieder ( )1 (29)
- moderne Unterhaltungsmusik mit sorbischen Texten ( )1 (30)
- sinfonische Musik sorbischer Komponisten ( )1 (31)
- Gespräche, Interviews (wie "Budyšin original") ( )1 (32)
- Hörspiele ( )1 (33)
- literarische Sendungen ( )1 (34)
- keine Änderung erforderlich ( )1 (35)
- ich weiß nicht genau ( )1 (36)
- ich höre keinen sorbischen Rundfunk ( )1 (37)

29. Was meinen Sie zum Angebot des Fernsehens zur sorbischen Kultur?
- ich halte es für nicht ausreichend ( )1 (38)
- ich halte es für ausreichend ( )2
- ich kann das nicht beurteilen ( )3

30. Befriedigt Sie das Angebot an Schallplatten mit sorbischer Musik?
- das Angebot ist nicht ausreichend ( )1 (39)
- das Angebot ist ausreichend ( )2
- ich kann das nicht beurteilen ( )3

31.1. Haben Sie in den letzten 2 Jahren Ausstellungen sorbischer Künstler besucht?
- ja ( )1 (40)
- nein ( )2

31.2. Wünschen Sie sich mehr Ausstellungen sorbischer Künstler?

- ja ( )1 (41)
- nein ( )2

31.3. Würden Sie sich Arbeiten sorbischer bildender Künstler (Malerei, Grafik bzw. Reproduktionen davon) kaufen?

- ja, weil sie für mich in künstlerischer Hinsicht interessant sind ( )1 (42)
- ja, weil ich etwas "Sorbisches" in meiner Wohnumwelt haben möchte ( )2
- nein, gefallen mir nicht ( )3
- nein, interessieren mich nicht ( )4
- ich kaufe überhaupt keine derartigen Kunstwerke ( )5

<u>Bitte machen Sie nun noch einige Angaben zur Person:</u>

32.1. Ich bin
- ein Mann ( )1 (43)
- eine Frau ( )2

32.2. Ich bin ... Jahre alt (44, 45)

32.3. Ich habe meine Kindheit verlebt in: .... ( ) (46)
(Genaue Bezeichnung evtl. mit Kreis)

32.4. Am jetzigen Wohnort lebe ich seit 19.. (47, 48)

32.5. Ich bin
- nicht verheiratet ( )1 (49)
- verheiratet ( )2

33. Welche Tätigkeit übten Ihre Eltern in Ihrem 15. Lebensjahr vorwiegend aus?

1. Vater .... ( ) (50)
2. Mutter .... ( ) (51)

34. Welche Schulbildung besitzen Sie?
- bis 8. Klasse ( )1 (52)
- 10. Klasse ( )2
- Abitur ( )3

35. Welche Berufsausbildung besitzen Sie?
- keine (auch Schüler, Lehrling usw.), angelernt ( )1 (53)
- Facharbeiter ( )2
- Meister ( )3
- Fachschulausbildung ( )4
- Hochschulausbildung ( )5

36.1. Welche Tätigkeit übten Sie zu Beginn Ihres Berufslebens aus? .... ( ) (54)

36.2. Welche Tätigkeit üben Sie gegenwärtig aus?
- Arbeiter ( )1 (55)
- Angestellter ( )2
- Genossenschaftsbauer ( )3
- anderes Genossenschaftsmitglied ( )4
- Intelligenz ( )5
- Handwerker, Gewerbetreibender ( )6
- Rentner ( )7
- Schüler, Lehrling, Student ( )8
- Sonstiger ( )9

36.3. Wo befindet sich Ihr Arbeits- bzw. Ausbildungsort?
- am Wohnort ( )1 (56)
- in einem anderen Dorf ( )2
- in einer Stadt ( )3
- trifft für mich nicht zu ( )4

36.4. In welchem Wirtschaftsbereich sind Sie berufstätig?
- Industrie ( )1 (57)
- Bauwirtschaft ( )2
- Land- und Forstwirtschaft ( )3
- Verkehr, Post- und Fernmeldewesen ( )4
- Handel ( )5
- sonstige Zweige des produktiven Bereichs, dienstleistende Wirtschaft ( )6
- kulturelle und soziale Einrichtungen (z. B. Gesundheitswesen, Volksbildung) ( )7
- anderer, nämlich .... ( )8
- trifft für mich nicht zu ( )9

37.1. Sind Sie gesellschaftlich organisiert? (Kreuzen Sie
bitte alles Zutreffende an!)
- Mitglied einer Partei ( )1 (58)
- Mitglied der Domowina ( )1 (59)
- Mitglied einer oder mehrerer anderer gesell-
schaftlicher Massenorganisationen (z. B. FDGB,
FDJ, DSF u. a.) ( )1 (60)
- ich bin nicht gesellschaftlich organisiert ( )1 (61)

37.2. Bekleiden Sie ehrenamtliche Funktionen (Kreuzen
Sie bitte alles Zutreffende an!)
- an der Arbeitsstätte oder Lehrstätte ( )1 (62)
- in Elternvertretungen ( )1 (63)
- in der Gemeinde ( )1 (64)
- auf Kreisebene und höher ( )1 (65)
- keine ( )1 (66)

38. Ich habe ... Kinder ( ) (67)

39.1. <u>Falls Sie Kinder oder Enkel haben</u>, wünschen Sie,
daß diese die sorbische Kultur kennenlernen?
- ja ( )1 (68)
- das ist mir gleichgültig ( )2
- nein ( )3
- ich weiß nicht ( )4
- trifft für mich nicht zu ( )5

39.2. <u>Falls Sie dafür sind</u>, daß Ihre Kinder oder Enkel
die sorbische Kultur kennenlernen: Wodurch wird
das begünstigt? (Kreuzen Sie bitte alles Zutreffende an!)
- zu Hause sorbisch sprechen ( )1 (69)
- sorbische Märchen, Sagen, Lieder kennenlernen ( )1 (70)
- sorbische Kinderbücher schenken ( )1 (71)
- sie in der Krippe/im Kindergarten in sorbischsprachigen Gruppen zusammenfassen ( )1 (72)
- den sorbischen Sprachunterricht besuchen ( )1 (73)
- anderes: .... ( )1 (74)
- trifft für mich nicht zu ( )1 (75)

40.1. Welcher Nationalität sind (waren) Ihre Eltern?

	Vater	Mutter
- deutscher	( )1 (76)	( )1 (77)
- sorbischer	( )2	( )2
- anderer	( )3	( )3
- ich weiß es nicht genau	( )4	( )4

40.2. Welcher Nationalität sind Sie und Ihr Ehepartner?

	Eigene Nationalität	Ehepartner
- deutscher	( )1 (8)	( )1 (9)
- deutsch-sorbischer/ sorbisch-deutscher	( )2	( )2
- sorbischer	( )3	( )3
- anderer	( )4	( )4
- trifft nicht zu		( )5

Fragen 41.1. und 41.2. richten sich <u>nur an sorbische Bürger!</u>

41.1. Durch welche der folgenden Merkmale fühlen Sie sich persönlich mit den meisten Sorben verbunden? (Kreuzen Sie bitte alles Zutreffende an!)

- Sprache ( )1 (10)
- Sitten und Bräuche ( )1 (11)
- Herkunft, Geschichte ( )1 (12)
- Literatur und Kunst (Lieder, Tänze, Musik) ( )1 (13)
- anderes: .... ( )1 (14)
- schwer zu sagen, ein nicht näher zu bestimmendes Gefühl ( )1 (15)

41.2. Wie würden Sie es finden, wenn eines Ihrer Familienmitglieder einen Deutschen heiraten würde?

- ich finde das gut ( )1 (16)
- die Nationalität hat für mich keine Bedeutung ( )2
- die Nationalität hat keine Bedeutung, wenn der Partner Sorbisch versteht ( )3
- ich wünsche zwar einen sorbischen Partner, wäre aber nicht gegen die Heirat ( )4
- ich finde das nicht gut ( )5
- ich weiß nicht ( )6

Fragen 42.1. und 42.2. richten sich **an deutsche Bürger!**

42.1. Durch welche Merkmale unterscheiden sich Deutsche und Sorben voneinander? (Kreuzen Sie bitte alles Zutreffende an!)

- Sprache ( )1 (17)
- Sitten und Bräuche ( )1 (18)
- Herkunft, Geschichte ( )1 (19)
- äußere Merkmale ( )1 (20)
- Literatur und Kunst (Lieder, Musik, Tänze) ( )1 (21)
- anderes: .... ( )1 (22)
- schwer zu sagen, nicht näher zu bestimmen ( )1 (23)

42.2. Wie würden Sie es finden, wenn eines Ihrer Familienmitglieder einen Sorben heiraten würde?

- ich finde das gut ( )1 (24)
- die Nationalität hat für mich keine Bedeutung ( )2
- ich wünsche zwar einen deutschen Partner, wäre aber nicht gegen die Heirat ( )3
- **ich finde das nicht gut** ( )4
- ich weiß nicht ( )5

Zum Abschluß einige Fragen zur Freizeit:

43.1. Wie verbringen Sie überwiegend Ihre Freizeit?
(Bitte bis 4 Angaben ankreuzen!)

- Beschäftigung mit der Familie, den Kindern ( )1 (25)
- Arbeiten im Haus, Hof, Garten usw. ( )1 (26)
- Fernsehen ( )1 (27)
- Lesen ( )1 (28)
- gesellschaftliche Arbeit ( )1 (29)
- Sport ( )1 (30)
- Geselligkeit mit Freunden ( )1 (31)
- Ausruhen ( )1 (32)
- Hobbys, künstlerische Betätigung ( )1 (33)
- andere Freizeitbetätigungen (welche?): ...... ( )1 (34)

43.2. Falls Sie Hobbys nachgehen oder sich künstlerisch betätigen, nennen Sie uns bitte, womit Sie sich beschäftigen und ob Sie dabei in Arbeitsgemeinschaften oder Kulturgruppen mitwirken.

Hobby, künstlerische Tätigkeit (bitte möglichst genau)		Arbeitsgemeinschaft/ Kulturgruppe	
		ja 1	nein 2
1. .... ( )	(35)	( )	( ) (39)
2. .... ( )	(36)	( )	( ) (40)
3. .... ( )	(37)	( )	( ) (41)
4. .... ( )	(38)	( )	( ) (42)

43.3. Warum üben Sie solche Tätigkeiten vorwiegend aus?
(Kreuzen Sie bitte die zutreffenden Gründe an!)
- zur eigenen Freude ( )1 (43)
- für Angehörige und Freunde ( )1 (44)
- für Ausstellungen oder Wettbewerbe ( )1 (45)
- für den Verkauf ( )1 (46)
- andere Gründe: .... ( )1 (47)
- trifft nicht zu ( )1 (48)

( ) (49)
( ) (50)
( ) (51)

Wir danken Ihnen vielmals für Ihre Mitarbeit!